U0890072

一线带班心智慧

巧用36个心理效应

顾　问：刘学兰　李志成　殷丽萍　张润林

主　编：潘秀群

副主编：蔡　樱　钟应珊　张文君

编　委：李占英　黄美玲　罗慧琼　谢慧仪

李肖娥　幸楚婷　王　婉　王可爱

杨云开　王奕帏　张嘉丽　王巧媚

SPM 南方传媒　广东经济出版社

·广州·

图书在版编目（CIP）数据

一线带班心智慧：巧用36个心理效应 / 潘秀群主编. —
广州：广东经济出版社，2022.6
ISBN 978-7-5454-8206-5

Ⅰ.①一…　Ⅱ.①潘…　Ⅲ.①教学心理学—研究
Ⅳ.①G441

中国版本图书馆CIP数据核字（2022）第019577号

责任编辑：黄　昱　颜明辉
责任校对：徐依然
责任技编：陆俊帆
封面设计：朱晓艳

一线带班心智慧：巧用36个心理效应
YIXIAN DAIBAN XIN ZHIHUI QIAOYONG 36 GE XINLI XIAOYING

出版人	李　鹏
出　版 发　行	广东经济出版社（广州市环市东路水荫路11号11～12楼）
经　销	全国新华书店
印　刷	珠海市国彩印刷有限公司 （珠海市金湾区红旗镇永安一路国彩工业园）
开　本	730毫米×1020毫米　1/16
印　张	13.75
字　数	216千字
版　次	2022年6月第1版
印　次	2022年6月第1次
书　号	ISBN 978-7-5454-8206-5
定　价	45.00元

图书营销中心地址：广州市环市东路水荫路11号11楼
电话：（020）87393830　邮政编码：510075
如发现印装质量问题，影响阅读，请与本社联系
广东经济出版社常年法律顾问：胡志海律师

序言

PREFACE

2019年我有幸成为华南师范大学首批教师教育专家工作室的主持人，这两年接收了四位优秀的中小学教师进入专家工作室做基础教育访问学者，潘秀群老师是其中一位。潘老师对教育的热爱、对事业的执着以及强烈的好学钻研精神让我印象深刻。她是东莞市优秀教师，东莞市名班主任工作室主持人，这些年来带领工作室团队取得了丰硕的成果。2019年潘老师加入我工作室的时候，送给我一本她刚刚主编出版的《好爸妈正面管教56问》，该书聚焦如何解决家长的教育困惑。今年又完成了《一线带班心智慧：巧用36个心理效应》，希望借此书帮助班主任提升教育智慧。我被潘秀群老师的教育情怀和不懈努力深深感动。她邀我为她的新书作序，我欣然应允。

在现代学校教育制度和运作体系下，班级对于学生个体的成长具有不可替代的作用。班级管理的好与坏，深刻地影响着学生培养的质量和教育目标的达成。班主任作为班集体的组织者、教育者和指导者，要履行多方面的社会角色要求，其工作的成效，对学生的健康成长具有非常重要的影响。当班主任无疑是辛苦劳累的，但也是充满幸福的。这种幸福感在于能通过自己的努力，为学生的健康成长铺平道路，为学生的终生幸福奠定基础。一个好的班主任，会成为每个学生心理发展过程中的“重要他人”，其影响力甚至会持续学生的一生。

但要成为一名优秀班主任并不容易，需要信念，需要情怀，也需要智慧。本书从心理效应切入，力图让班主任了解学生的心理特点，提升带班智慧。全书精选了36个心理效应，每个心理效应都从“心理效应心解读、链接中国智慧说、一线带班心智慧、老班心语”四个模块加以阐述，既有理论的阐释，又有实践的运用。其中最难能可贵的是，本书能把心理效应跟中国智慧连接起来，让我们体验到中国文化的博大精深，在班主任工作中也践行着文化自信。本书的作者都是经验丰富的优秀班主任，他们把自己对教育的思考、对学生的关爱、对带班的感悟都融入书中，凝练出自己的教育智慧，对很多现实问题提供了行之有效的解决方案，具有很强的实用性和指导性。

心理效应为班主任工作提供了教育智慧，同时我也希望班主任能更多地关注学生的心理成长和心理健康。在社会飞速发展、竞争日趋激烈的今天，中小学生的心理问题有增多的趋势，问题也更趋纷繁复杂，开展心理健康教育不仅非常重要，而且非常迫切。班主任工作和心理健康教育工作有非常密切的关系，从某种意义上说，班主任是工作在第一线的心理老师。将心理健康教育渗透到班主任工作中，不仅能提高班主任工作的效果，而且也能提高心理健康教育工作的实效性。潘秀群老师在这方面也做出了积极的尝试，我知道她带领班主任团队一直致力于研发体验式团体心理活动课程，并在主题班会课中付诸实施，效果非常好。期待着潘老师及其团队在这个领域继续深耕，不断收获！

最后，谨以几句话表达我对教育的期待：好的教育，要让学生眼中有光，心中有梦，脚下有路；好的教育，要让学生既憧憬未来，也热爱当下；好的教育，要让学生既有敏锐的感受力，也有理性的思考力；好的教育，要让学生既珍惜自己的独特性，也尊重他人的多样性。与所有的班主任和教育者共勉！

是为序。

刘学兰

华南师范大学心理学院教授，副院长

前言

FOREWORD

这本书，来自一个团队。我们这个团队的成员均来自“东莞市潘秀群名班主任工作室”的一线班主任。工作室主持人潘秀群老师是小学语文高级教师、东莞市优秀教师、华南师范大学基础访问学者、国家二级心理咨询师、广东省家庭教育指导师、东莞市家庭教育讲师。

回首过往，在潘老师的专业引领下，我们团队秉持“同心同德·共研共赢·同心共赢幸福之路”的理念，发挥助人自助的育人精神，在忙碌中实践磨砺，在反思中锻炼成长，在研讨中集结智慧，一路耕耘，一路探索。我们曾洒下汗水，也流过泪水，但因为我们都有着共同的教育情怀，心中有方向，因此就有了不断前行的动力。即使忙碌兼劳累，我们依然感受着快乐，乐在用心付出，乐在成长可见。天道酬勤，团队先后完成了两项东莞市课题，并在全市推广；课题分别获得“省创新成果奖”“市优秀读书品牌”和“市教育教学优秀成果奖”；团队制作推出了家庭教育微视频56个，出版了助力家庭教育的专著《好爸妈正面管教56问》。

在同行共研的过程中，我们有个共同的感受：班主任虽是天下最小的“主任”，却管着一大群学生，操着最多的心，又忙又累。班主任的工作比一般老师繁杂，需要处理各种各样复杂多变的问题，总有忙不完的活，处理不完的事。遇到问题就要解决，难以解决的问题也要创造条件解决。而现在的学生都是“新新人类”，他们学习能力强、见识广、懂得多、脑筋转得快，有时候，老师无论是动之以情，还是晓之以理，都收效甚微。为此，作为一个东莞市名班主任工作室团队，我们开始寻思如何使施教更为有效。

当今，教育成为国家发展、民族腾飞的关键所在，改革与提质更是教育的重中之重。而教育需要智慧，更需要科学理性的指导。中小学班主任是走在教育最前沿、影响力最大的教育工作者。和千千万万的班主任一样，我们都希望带好班、育好人，做个幸福的班主任。于是，在研究过程中，基于对心理学的理解，我们把很多心理效应用到带班之中，并取得了很好的成效。

智慧凝聚，结集成书，只因一个真诚的愿望：如果我们班主任在一线带班中能够运用这些心理效应，活用它、用活它，既能减轻工作负担，又能促进自身带班水平的提升，还能提升解决问题的智慧，可谓一举多得。

本书依据教育部制定的《中小学教师培训课程指导标准（班级管理）》中的基本理念和班级管理能力指标，根据案例链接的内容进行分类，具体分为“班级建设”“学生素质发展”“学生习惯养成”“家校共育”和“班主任成长”五个板块，呈现了36个心理效应在带班中的实际运用。每个心理效应又包括四点内容：第一，心理效应心解读。用最简单通俗的语言解读心理效应的内涵。第二，链接中国智慧说。发掘中国传统文化精髓，把老祖宗的思想与心理学知识进行对接。我们既是在运用心理效应，也是在发扬中国传统文化中最具实效的智慧。第三，一线带班心智慧。首先呈现一线班主任带班时运用心理效应的各种具体方法，再到可学习、操作性强的“案例链接”，指导一线班主任怎么样运用心理效应，提高带班水平，减轻负担，轻松又幸福地把班级带得有特色、有活力。第四，老班心语。即针对该心理效应的重难点，提醒班主任在运用时要特别注意的事项，从而避免误区，少走弯路。

我们编写本书的目的并不是让读到此书的您照书带班，只是希望您能够拾级而上，受到启发，有所收获，唤醒潜在的智慧，精思考而后实践，带出更好的班，做更有智慧更幸福的班主任。

在编写过程中，对于提及的心理效应，我们参考了国内外相关文献与研究成果，在此谨向原作者们致以诚挚谢意。由于能力与水平所限，书中定有疏漏之处，恳请同行专家和读者朋友们不吝指正，我们定将虚心接受，不忘初心，砥砺前行。

东莞市潘秀群名班主任工作室编写组
2022年6月

目录

CONTENTS

班级建设篇

学生素质发展篇

学生习惯养成篇

家校共育篇

教师成长篇

班级建设篇

BANJI JIANSHE PIAN

01 头脑风暴效应

集团体智慧，治班级之疾

头脑风暴效应心解读

头脑风暴是指很多人聚在一起，在一定时间内进行没有限制的自由联想和讨论，最后从这些讨论中挑选出有利信息的一种集思广益的激发创意的方法。它也用来形容借助他人力量，以获取更好的信息。教学中的许多活动都非常适合运用头脑风暴，只要把握住基本原则，好点子就能在每个人的头脑中刮起风暴。

链接中国智慧说

“集思广益”出自三国蜀·诸葛亮《与群下教》：“夫参署者，集众思，广忠益也。”意思是说管理国家政权的人，要集合众人的思想，多多听取好的意见 。如“三个臭皮匠顶个诸葛亮”“众人拾柴火焰高”等中国古人的智慧，都生动地说明头脑风暴效应的力量。

一线带班心智慧

班主任是班级活动的组织者，学生是班级的主体，一个良好班集体的形成，只依靠班主任的单打独斗是不可行的，融入学生的集体智慧才是必由之路。在处理班级事务时，我们可以引入“头脑风暴法”，集团体的智慧，去解决班级问题，这样既可以发挥学生的主体作用，又可以培养学生的契约精神，使学生自愿遵守共同约定。

一、活用“头脑风暴”组织形式

头脑风暴法，一般是小组式的，10～15人为一组，就一个议题开展头脑风暴，设主持人一名，只主持会议，对设想不做评论。设记录员1～2人，要求认真将与会者的每一个设想（不论好坏）都完整地记录下来。

1.班级性的组织形式

在日常的班级管理中，采用头脑风暴法时通常是全班同学都参与，利用课前几分钟，让所有人针对某一突发事项进行思考发言，它是即时的，也是短时的。比如，针对饮水机处有学生浪费水或者随地倒水的情况，所有同学在课前几分钟只要有想法就可以发言，班长记下有用信息，再汇总呈现，全班表决。

2.小组式的组织形式

对于班级的一些痼疾，较难解决的，我们可以邀请几位班干部或者班级代表，以小组形式在特定时间、特定场所开展。比如，如何帮助班上学困生（学习成绩暂时落后的学生）的问题，可以组织10个整体素质良好的学生进行头脑风暴，由班主任主持，设置一名记录员，记录想法。

在班级日常管理中，头脑风暴法可以依据班级情况，随事务性质灵活运用不同的组织形式。

二、明晰“头脑风暴”实施原则

头脑风暴之所以能够发挥作用，广泛运用在商业管理和班级管理之中并能得出创意性的想法，和它的组织原则有重要关联。头脑风暴法不是就一个问题漫无边际地闲聊，而是一项有组织、有计划、有目的的活动。运用头脑风暴是非常讲究实施原则的。

1.只听不评

在头脑风暴中，每次发言时只能有一人发言，其他人认真倾听，切忌窃窃私语。每一位学生都去想自己的想法或创意，不能对其他人的想法做任何评价。这一点非常关键，如果不理解可以提问这个想法到底是什么意思，让发言者解释他的想法，但是不能评价这个想法是好是坏，这是第一原则。很多学生都有畏惧错误的情绪，有人指出他的想法有问题，可能产生连锁反应，还没有发言的学生可能会畏惧别人的想法而不敢开口。这样头脑风暴法就不能顺利开展。

2.畅所欲言

在开展头脑风暴的时候，一定要让参与者的思维是发散性的，他们可以异想天开，想出我们平时根本不敢想象的一些想法和主意，不要给参与者设置限制，无论他们说什么，我们都要面带微笑去倾听，学生就会很受鼓舞，这样更多的人才愿意参与进来，为班级事务积极建言献策。

3.重数不重质

头脑风暴就是集中大家的创造性的建议和想法，重视的是数量而非质量。我们要尊重学生的各种想法，让更多的学生参与其中，无论是怎样的想法，都要记录下来，然后找出有利于解决问题的想法。

三、组织开展“头脑风暴”

在明晰头脑风暴的开展原则后可以开展头脑风暴，由于我们的班级主体是小学生，有创意的想法很多，但辩证思维还存在不足之处，所以头脑风暴开展之初主要由班主任来主持和总结。在中低年级开展时，可能还需要班主任来做主要记录。

1.确定头脑风暴的目的

在开展头脑风暴伊始，我们可以把要讨论的问题写在黑板上或者电子屏幕上，一方面提醒学生我们讨论的目的，另一方面也要在讨论过程中及时提醒学生不要离题。

2.说明头脑风暴的原则

在学生明确开展头脑风暴的目的之后，我们要说明讨论原则，着重申明不可以对其他同学提出的想法进行评价。对于别人的想法，小学生喜欢评价，但由于自身身心发展的局限性，又不能客观地评价，所以一定要重申此原则。在讨论过程中如果有学生评价，也要适时提醒补救。

3.鼓励畅所欲言

每一个班级都会有一些积极发言的人，他们会在问题发出后积极发言。在他们发言之后，我们如果都不做评价，而是鼓励在场每个同学畅所欲言，就会大大激发学生去试探性发言。我们在这时，要给予面部表情的肯定，或者言语的肯定：“感谢大家为班级的更好发展提供你们独特的想法，只要你们能提出自己的想法，就很棒了！”这样鼓励性的表情或话语会让更多学生产生跃跃欲试的感觉。往往在这样积极的气氛推动下，平时不发言的学生，也能积极表达自己的想法。注意，在讨论没有进展的时候，我们要及时依据讨论进度引导方向，让讨论顺利进行。

4.总结意见，选出最佳方法

在记录学生的意见之后，选出对问题有帮助的建议，逐条罗列，选出最优方法。这一步可以由班主任进行选择，也可以罗列展示出来，大家一起抉择。

案例链接：

开放性原则，促主动献妙策

三年级下学期开始，同学们从家里带了自己的书放在图书角，方便大家交流借阅。可是，没多久就出现了很多问题：要么书不见了，要么就是某个学生长期拿着一本书不归还，其他同学想看也看不了。针对图书角管理问题，我们班开展了一次头脑风暴活动。

那天我刚走进教室，就有学生冲到我身边，很激动地说：“老师，老师，我的《昆虫》绘本只剩下两本，有一本不见了。”“别急，别急，老师帮你找找。”在安抚了他之后，我在黑板上写了几个大字：图书角怎么管?

这时全班学生都安静了下来，看到黑板上的字，有的开始思索，有的默默地把书还回图书架上。不一会儿，大家都在自己的座位上坐定了，小眼睛齐刷刷地望着我。我转过身，在黑板上又写了“头脑风暴”四个字，对学生说道：“今天我们用头脑风暴的方法来讨论图书角该怎么管理。”接着我给学生解释了什么叫头脑风暴，详细说了头脑风暴开放性的原则，并着重强调：“人人都可以发言；每次一人发言；当别人发言的时候，其他人一定要认真听，不能打断别人的发言，也不能讲悄悄话；等同学讲完了，有想法可以直接提出，不能评价同学的想法。”

在同学们明白规则之后，我请两位平时概括能力较强的孩子记录大家的发言，一左一右在讲台两边站定，轮流记录同学的发言。

首先发言的是平时最积极的小伟：“我觉得我们可以像上学期一样设一个图书归还账本，谁拿了哪本书，自己登记好，还的时候划掉。”左边登记的同学立刻记录：1.图书归还账本登记。

在他说完之后，小焕立刻说道：“我觉得可以让老师每天放学的时候，提醒我们把书还回去，不能把图书角的书带回家。”右边登记的孩子也记录了：2.不能把图书带回家。

小希站起来说：“我觉得应该有个图书管理员，由图书管理员负责登记图书借阅情况。有人借书的时候，就找图书管理员登记，还书的时候，还给图书管理员，由管理员放回去。我妈妈带我们出去阅读馆看书的时候，就是这样。”在一片赞同声中，左边的孩子记下：3.图书管理员负责登记图书。

小希说完之后，大家都表示赞同。接下来几个学生都提到要设置图书管理员。以前就是没设置图书管理员，完全由大家自觉登记，可是有人不按规定登记，所以总会出现找不到书之类的情况。

这时我发现大家的讨论不再是怎样管理了，而是批评一些同学或是投诉一些同学，已经偏离主题了。这时，我打断了大家的讨论，请学生看黑板："孩子们，我们讨论的是怎样管理图书角，目前很多同学都赞同设置图书管理员。那么，谁可以做图书管理员呢？"

小希又站起来，"老师，我可以的，我见过怎样当图书管理员，我可以。"

"老师，我认为一个图书管理员不够，如果她请假没来学校怎么办？我们要借书，她不在教室怎么办？"

"老师，我觉得可以设置五个图书管理员，每天一个人，如果有人没来就请后一天的人先担任。"

接着大家就图书管理员的工作担任情况和职责情况展开激烈的讨论，最终根据大家提出的建议，我和孩子们一起选取了这个办法：设置图书管理员专职管理图书，班主任要帮他们打印登记账本，由小希全权负责图书管理员工作，并当即在班上招募了三名助手，一起管理图书角。

此次头脑风暴过后，图书角管理工作井然有序，借阅、归还、登记每日开展。当图书管理员小组有新的想法，还会在班上宣布他们的决定，有书"丢了"，他们也主动找回。

之后，我们班多了几个"小问题发现者"，比如，课间有人打闹，就有学生过来问："老师，我们可以再开展头脑风暴吗？可不可以设置一个课间管理者，提醒大家课间安全？"同学普遍对班级事务更加关注了，都觉得班级管好了有自己的一份功劳。

老班心语

进行头脑风暴需要花大量的时间，特别是在整个班级开展时，所以在运用时要注意时间的控制，依据班级事务涉及的人员，采用相应的组织形式。开展之前明确规则，高效开展。当班级多次运用，学生熟练规则，头脑风暴会越来越高效。当学生积极参与其中，更乐意把班级事务当作自己的一份责任，愿意贡献自己的力量去一起解决班级问题时，学生的自治能力就会加强，班主任工作就会越来越轻松。

02 蚂蚁效应
团结有方法，力量才更大

蚂蚁效应心解读

蚂蚁是自然界最为团结的动物之一，它们的每个个体都是为了集体的生存和幸福而劳动。一只蚂蚁的力量确实是微不足道的，但100万只甚至更多只蚂蚁组成的“军团”则可以横扫整片树林，可以将一只狮子或老虎在短时间内啃得只剩一堆骨头。这就是“蚂蚁效应”产生的威力。懂得合作就等于向成功靠近了一步，如果凡事单打独斗，不懂得利用他人的力量，就会走入孤立无援的死胡同。

链接中国智慧说

在我们中国，有一句出自《古今贤文·合作篇》中的俗语：“人心齐，泰山移。”它告诉我们，人们只要心向一处，共同努力，就能克服任何困难，发挥出移动高山的巨大力量。“单人不成阵，独木不成林。”“人多力量大，柴多火焰高。”这些谚语也说明团结力量大。

一线带班心智慧

蚂蚁效应给我们的启示是团结就是力量。互帮互助、合理分工有助于更好地合作。那么，在班级管理和班级教育中应该怎样灵活运用蚂蚁效应呢？

一、寻找配合方法，形成团结班风

不管是从一年级开始接班，还是中途接班，班主任都可以借学习蚂蚁军团入手，开启团结班风的建设之路。

1.学会合作，增强团结能力

要想形成团结班风，就得抓住关键教育契机，比如在班级岗位设置方面，可以让学生用一周的时间观察思考，再进行岗位设定，之后进行自我推荐、民主投票；又比如小组收作业方面，可以用比赛的方式进行，引导学生思考：“怎样做才能让组长更快地收齐作业？如果组长有事不在，如何做才能保证自己组的作业及时交给老师？”在各小组的讨论中，基本上都调动了每个组员的思考力和积极性：有的说前一天晚上把作业整理好，第二天一到班里先交作业；有的说互相提醒交作业；还有的说同桌的先分类叠放好；等等。后续的每一次收缴作业的过程，就是训练小组成员之间的团结合作能力的过程。

案例链接：

配合有方法，创造新奇迹

有一次，学校举行跳长绳比赛。练习初期，我们班就遇到难题了。小轩作为长绳训练的组织者过来汇报说：“小廖和小林摇绳，问题不大，但跳绳的8个同学总是绊绳，配合不好。”我心想：“那8个同学可是班上精挑细选出来的跳绳能手，怎么就总绊绳呢？一定是哪里出了问题。”于是我和小轩一起过去看。

“怎么又绊绳？”“又是你！”……

听着同学的指责，小王一下就蔫了，似乎也觉得是自己的问题。

“再来，1，2，3，跳，跳，跳……”摇绳的同学喊着节奏。

“唉，又绊……”

“25，26，哎呀——还是突破不了30，怎么办？”

我默默地观察，仔细地倾听，这些孩子很想突破，可没找到方法。于是，我让他们先停下来：“同学们，看到大家这么积极地练习跳长绳，老师很高兴，你们都有一颗为班级争光的心，老师想了解一下你们是遇到了什么困难吗？我们一起想办法解决。”

“老师，小许总是往后跳！我都没位置了。”小邓嘟着嘴说。

“小石跳着跳着节奏就快了！”站在小石后面的小琪告诉我。

小王低声说：“老师，是我绊绳的次数比较多。”

听完大家的话，我说：“同学们，你们都是班上跳绳能力强的孩子，所以要相信每一个人都是可以跳得好的。长绳是一种要靠大家团结协作的集体项目，关键在于配合，我们现在要做的就是找到方法来解决配合的问题。俗话说：‘当局者迷，旁观者清。’要不我们每个同学轮流作为旁观者，出来观看其他同学合作跳绳，然后一轮下来说说自己的想法，谈谈如何才能配合得更好，怎么样？”

同学们都赞同我的办法。就这样，一轮下来，我们围圈而坐，孩子们就叽叽喳喳地说开了。“我觉得跳的同学要听从摇绳的同学的口号来跳。”“除了听口号，我觉得还得看着绳子跳。”“我看到小许和小甘跳得高，可以站第一或最后一个位置。”“不行，小甘太高，应该选矮点的同学站首位或末位。”“如果小廖摇绳能像小林那样，把手臂伸长，摇得幅度大些，我们更好跳。”“同学卡绳不要埋怨，要马上调整继续跳。”……

等他们说完后，我肯定了他们的发现，并一一讨论总结。学生按照讨论的结果重新进行训练，大家都跃跃欲试。

自此之后，每逢课间总能看到这些孩子在广场上练习跳长绳，围观的同学也在给予建议和鼓励：“看绳，跳，跳，跳……”“加油，加油！”

慢慢地，我发现孩子们越来越有默契，站位间距也安排得更合理，也开始懂得变抱怨为理解，变丧气为找方法，彼此鼓励。再听绳子在地上有力又有节奏地发出‘啪啪’的声响，无比动听，“38，39，40……62！”

“同学们，你们太厉害了，不但突破了30，还一次就跳到了62，真牛！现在离跳绳比赛还有时间，大家有没有信心再努力努力，发挥团结协作的精神，我们试试看能否创造新的奇迹！”

就这样，孩子们不断练习，互相鼓励，互相帮助，团结合作，齐心协力。最终，我们班以总分第一获得了年级跳长绳比赛一等奖。

是的，团结合作不是喊口号，老师要做的，就是引导孩子们找到团结合作的正确方法，相互改进磨合，彼此鼓励，共同努力。只有这样，才能发挥集体的最大力量。

2.合理分工，增强活动效果

每个个体都有其独特性，若能充分挖掘每一个学生的优点和能力点，并根据他们的能力对他们进行合理分工，这样开展活动时他们就不为难，能担当，有成就感。例如，根据语文单元学习要求，要举行一次课本剧演绎活动。在前期工作中，我先让学生自行组合，然后给他们提出要求，特别强调了要根据人物特点，进行合理分工，安排角色。在排练过程中，一个小组在《景阳冈》的角色安排上有争执，几个同学都想演威风的武松，都想当主角，所以他们组迟迟无法达成统一意见，没有办法进行排练。于是我给他们建议：“的确，武松的形象大家都喜欢，但是不是都适合自己演呢？选角的时候，要考虑武松的体型、胆识以及几位参选同学的个人表现力才行。”然后再让他们商量。因为有了指引，有同学就主动推荐别人，认为小林更适合演武松了。另一剧组选演《红楼梦》也很成功，一开始很多人想演贾宝玉，有三个同学想演林黛玉。但经过大家分析，觉得还是应该由外貌较为相似、性格开朗、天真活泼的小铭来演宝玉，由内向温柔的晓晴来演黛玉。其他想演的同学欣然接受大家的意见，并开始进行新角色的分配。正是有了合理的分工，才促使课本剧表演的效果更胜一筹。最后呈现出来的效果很不错：有的小组自制了课件——有背景图片和背景声音；有的小组人物内心和神态揣摩得很到位；有的小组道具准备充分，很有看点。

二、强化团结意识，增强师生力量

一个班级，要有信仰，这种信仰，应该来源于每个成员对于班级的认同感和归属感。要想最大程度地发挥班级力量，就要靠师生同心同行。小学生的心是很纯净透彻的，他们容易被点燃，我们可以通过一些小契机，不断渗透“蚂蚁抱团”的齐心协力，点燃每个孩子的团结意识。在班级管理中，每一次班会课、每一个活动小结、每一次班级荣光、每一个同学收获成长、每一次遇到困难，我们始终贯穿的理念是：班级是我们共同的家，班主任、副班主任就是大家长，所有同学都是兄弟姐妹，大家应该守望相助，同心同行同进步。不管前面是坦途还是荆棘满地，我们都义无反顾，团结一致，勇往直前。

三、配合协同教育，调动科任力量

一个班级想要建设好，光靠班主任和全体学生是不够的，还得联合科任老师（只担任某一学科教学任务的老师）的力量。班主任如果平时能多和科任老师沟通，了解情况，当科任老师遇到问题能及时伸出援手，就能得科任老师之心，科任老师的配合协同意识就会提高。比如当了解到有同学故意在某科任老师的课堂捣乱，我们作为班主任不是放任不管，而是积极跟进，协助科任老师了解该生行为背后的问题，引导教育；平时举行班级活动，也邀请科任参加……这样科任老师对班级才会有归属感，进而促使他们在后续的教育工作中更有责任感。

四、凝聚家长合力，同心协力共赢

李镇西老师曾说过："没有合格的家长，就没有完整的优质教育。"同样的，没有主动参与教育的家长，就没有完整的优质教育。家校联合，班级共建的"共"字内涵在于家长主动参与，而不是老师一厢情愿。因此接班后班主任的一大工作就是通过各种方式了解每个家长的类型，取得家长的信任，让家长和老师团结一心，共同为教育好孩子而努力。比如关注家校联系本，及时在上面和家长沟通、反馈；打破定性思维，及时发现孩子身上的问题，及时和家长沟通、跟进；关注学困生，发现他们的闪光点，放大给家长看；及时发现班上方方面面做得好的家长，在班群表扬，树立榜样；适时推送家庭教育资源，急家长之所急，想家长之所想；不定期围绕某个突出问题进行线上研讨，提升家长家庭教育的能力；等等。

通过这些活动，让家长明白：家庭教育和班级管理的理念核心是一致的，团结齐心才能风雨无阻，携手共进。蚂蚁效应给家庭教育的启示是"家和万事兴"，父母有一致的教育理念，就会朝着一个目标去引领教育孩子……怀着一颗诚心，重视情感联结，拥有共同目标，就能更好地团结家长力量，形成教育合力。

老班心语

团结有方法，力量才更大。我们在运用蚂蚁效应时，注意正确引导团结的方法，多让学生在体验中习得要领。这个过程中我们要多关注学生的体验过程，适时引导，多肯定。在团结家长和科任老师时，要让他们真真切切感受到来自班主任的真心，才有可能换来他们的团结协助。在这个过程中，也需要班主任及时体察别人的困难，给予理解和支持。

03 自我选择效应

用心选择，不懈坚持

自我选择效应心解读

自我选择效应是指人的一生面临着很多种选择，你一旦选择了某条大路，就存在着沿着这条路走下去的惯性并且不断自我强化。如果转向其他的道路，就将付出更高的成本。所以，要选对路，还要能坚持，才能有更好的结果。

链接中国智慧说

古人云："志不强者智不达。"这句话道出了意志坚定的重要性。意志不坚定时就很容易听信他人的话而动摇，很难一直坚持自己选择的道路走下去。清代画家郑燮（郑板桥）的七言绝句《竹石》："咬定青山不放松，立根原在破岩中。千磨万击还坚劲，任尔东西南北风。"告诉我们只有内在的坚持、选择和追求，才会有后续的自我强化。这两者，从一反一正的角度，道出了自我选择的影响力。

一线带班心智慧

既然自我选择效应对一个人未来的影响是巨大的，那么，班主任在工作当中，如果可以把学生引向正确的、有利的自我选择上去，不仅对于学生个人成长有巨大促进作用，对于整个班级的发展也非常有帮助。

一、学会选择，学会规划

很多时候决定我们的，不是我们的能力，而是我们的选择。一个不会选择的孩子，必定是缺乏主见、依赖性强的孩子。因此，为了培养有主见、会思考、有作为的学生，我们在班级事务中就应该重视培养学生的优选意识，比如值日区域、学习目标、座位组合、课前五分钟轮流分享等，内容方面只要是有意义的，学生可以按照自己的喜好进行合理选择。平时的复习计划和寒暑假的时间安排表都可以让学生自己选择、定好内容、做好规划。当然，这个过程需要班主任积极引导学生进行科学合理地选择。

二、明确选择，尽力而为

对于小学高年级的学生，我们不仅要在细小的事情中给予他们选择的权利和机会，也要在某些关键点，尊重他们的思维和判断，让他们慢慢从无我走向有我，从幼稚走向成熟，从少不更事走向历练成长。

六年级，我结合“理想”有意识地引导学生开始思考自己的人生路。第一，畅谈理想，我想选择成为什么样的人？第二，融入时政，你所知道的名人有谁？第三，对比选择，绽放理想之花。第四，树立理想，我选择努力的方向是什么？通过这样的方式，让学生初步形成自己的人生蓝图，并把自己的选择和今后的人生结合起来，先行规划有助成就未来。

我们经常听到的一个词叫“定位”，它是指自己给自己的预定位置。在树立理想之后，也就进一步明确了努力的方向——打好文化基础，学好本领。比如每一学期期末考试前，让学生进行目标分数设定和挑战目标设定，就是一次自我选择的体验。通过这样的自我选择，学生往往能更明确自己最终想要取得的分数，最想打败的竞争对手。因此，在有限时间里的复习就会尽可能地调整自己的状态，不断给自己加油鼓劲，在日复一日的学习中不断强化知识，强化做法，坚定自己的选择。而这样选择的结果往往是一种良性竞争，更是一种极佳的自我提升。很多学生通过积极努力，最终达到自己的目标分，或者挑战成功，体验到自我选择带来的成就感和愉悦感。

三、岗位选择，强化成长

内驱力是行动力的催化剂。在班级管理事务上，多让学生自主发现、自主思考、自主选择、自发而为很重要。对于完全在个人责任范围内，能够突出自我个性的事，就应给予充分的选择权和独立探索的空间，并鼓励他们为之奋斗。比如班干如何设置，班级管理如何有效推进，班主任可让学生讨论选择进而达成目标。在此过程中，老师需要做的是“引”和“启”，而不是“定”，只有这样，孩子们的选择才能逐渐从感性变得理性，一步步打通生活与人生中随时出现、随时需要面对的关口。这不仅在培养他们如何合理选择，也在培养他们的对接能力。

案例链接：

学会选择和坚持，实现自我价值

带班第二年时，基于前一年对学生和班级的了解，我决定在班级管理方面引导每个学生进行自我选择，提高大家对于班级工作的积极性和参与感，从而促进班级工作的开展，推动班级的细节管理。

竞选前——鼓励参与，提醒选择

“同学们，班级荣誉离不开大家的努力。去年，班干们在各自的岗位上做出了自己的努力，使得班级工作顺利开展，让我们用掌声对每一位无私奉献的班干表示衷心的感谢！”

热烈的掌声过后，我顺势说："我们班很多同学其实都是能力很强的，但苦于班干部的岗位少，没有机会展示自己。为了更进一步完善班级管理，发挥同学们的管理能力和组织能力，老师决定一周后举行新一届班干竞选活动——能者上，大家信任者上。在这一周的时间里，大家可以根据自身优势，结合对班级日常观察和思考，做出最适合自己的岗位选择。同学们准备好竞选词，讲清楚你想选择的岗位是什么，你有什么优势，计划怎样去做好这个岗位。"

"老师，都有什么岗位啊？"不少同学问。

"这次除了以往的常规岗位，还有增加的岗位，只要你们觉得有必要，我们就可以增加。只要你言之有理，老师和同学们就一定会支持你。"听完我的话，大家跃跃欲试，兴奋地交谈着自己想要选择的岗位。

我饶有兴致地走到学生中间，倾听他们的讨论。当听到有的同学说自己想当班长又想当学习委员时，我内心有了想法："是啊，有的同学可能能力强，多个岗位都想当，但是这样一来，意味着有的同学就没有办法加入到班干队伍里来了。"为了让更多的孩子有机会体验，有机会提升自己，我补充道："同学们，听到大家的讨论，我充分感受到大家的积极性，更感受到大家对班集体的责任感，因为大家都有主人翁意识，都想为班级建设尽自己的一份力量。为了让更多的同学都有机会参与班级管理，也为了发现更多管理人才，我们增加一个要求，就是这次的班干竞选，每个同学都只能选择一个岗位，你是选择自己最想要的岗位呢，还是选择最适合自己的？大家可以继续思考、讨论。"于是，新一轮讨论又展开了。

那一周，课前课后，总能听到有些同学在讨论有什么岗位适合自己。而我呢，也会和学生闲聊，有意地去肯定他们身上的能力点，鼓励他们根据自己的能力点去选择适合自己的岗位。

竞选中——自我选择，对号入座

一周后，班干竞选如期举行，大家满脸的期待。有登记员专门登记参与岗位竞选的情况。我们先从常规岗位开始：五个值日班长、学习委员、纪律委员、劳动委员……

之后是增加岗位的竞选环节。这个也是我比较看重的环节，很想知道学生能发现什么管理漏洞，对增设岗位有怎样的想法。小许自荐当值日摆桌组长，因为发现值日组长摆桌能力不强，平时他们组在值日过程中有的同学摆桌没有方法，而自己这方面多次被我表扬，他有信心指导同学们做好。给我惊喜的是平时不太合群的小杰自荐当红领巾检查员，他说自己会在周日晚上通过微信群提醒同学们放好红领巾，周一一早到校检查同学们是否戴好红领巾进班，如果发现有同学忘记带，自己会多准备两条红领巾或想办法解决。小涵自荐当劳动工具检查员，她说每次学校领导会不定时巡查劳动工具房，有时直接扣分，所以为了避免班级被扣分，她说自己会上下午定时去检查工具房的工具摆放和卫生情况。小邓自荐当墙壁管理员，小杨自荐当读物维护员……

之后，根据大家的自荐，进行全班公开投票，设唱票员和计票员。最终选举而出的就是我们大家认可的新一届的班干队伍。

竞选后——培训鼓劲，促进坚持

上岗后，实行每周一次的班干例会，大家一起聊一聊自己做得好的及做得不足的地方；分析工作中出现的问题，共同解决困惑。然后，我肯定班干们做得好的地方，鼓励大家坚定自己的选择，不怕困难，坚持初心，做好工作。而第一次的班干例会，强调的是最初的自我选择，就意味着要有责任担当，后续要有创新思维，尽力做好。

这样，当初的自我选择在一次次例会和日常工作的强化中，这支班干队伍为班服务、想方设法管班的意识进一步提高，管理的自信心增强了，他们的管班能力也在服务、工作、沟通中得到锻炼和成长。

老班心语

我们在给予、培养学生自我选择的权利时，需要注意几点：一是当学生有限的经验无法做出选择时，要给学生适当的分析和引导；二是尊重学生的每一个选择，但当学生自我选择错误后，老师要帮助学生分析，帮助学生树立信心，以便再次做出更为合适的自我选择；三是要鼓励学生学会为自己的选择承担责任，做了选择就必须坚持下去，这样，才能让他们正确对待自己的选择，对自己负责，学会坚持和向着目标前进。这些，都是在为每个学生的将来打好自我选择的基础。

04 德西效应
恰当奖励，激发内在驱动力

德西效应心解读

德西效应认为适度的奖励有利于巩固个体的内在动机，但过多的奖励却有可能降低个体对事情本身的兴趣，降低其内在动机。德西效应给我们的启示是：当人们尚没有形成自发内在学习动机时，从外界给以激励刺激，以推动人们的学习工作活动，这种奖励是必要和有效的。但是，如果活动本身已经使人们感到很有兴趣，此时再给予奖励不仅显得多此一举，还有可能适得其反。

链接中国智慧说

唐代皇宫有一座飞檐斗拱、气势凌云的高阁，叫凌烟阁。阁内画像都是唐朝开国元勋，是根据唐太宗李世民旨意绘制的，用以表彰勋业卓著的功臣们，给予他们一种精神上的褒奖。当皇帝认为大臣是有大功劳的，便令人将其生平事迹及功勋记录下来，交付史官，记载于史册之中。从中国帝皇奖励有功之臣的做法来看，他们是懂得规避德西效应负面作用的，因而造就很多类似于文天祥那样“留取丹心照汗青”的精忠报国的大臣。

正如孔子所言：“知之者不如好之者，好之者不如乐之者。”同样说明了内部动机的重要意义。

一线带班心智慧

在当代的教育教学中，为了利用德西效应的正面影响，规避其负面影响，班主任在带班过程中应注意以下几个方面的问题。

一、选择恰当的奖励时机

德西效应启示我们，给予适当的奖励有利于激发个体的兴趣，从而巩固个体的内部动机；而过多的奖励会让学生变得麻木，最后会降低对事情本身的兴趣，其内部动机也会随之降低。现在有些老师滥用外在奖励，老师往往会对学生说："如果你作业书写质量好的就可以奖励一颗糖""如果在拔河比赛中，班级能够取得第一名，就每人奖励一份奖品"……这些做法往往能够立竿见影，很快收到成效。但是如果频繁使用物质奖励，就会让学生觉得努力学习、努力付出就是为了获得这些物质奖励。如果没有了物质奖励，他们就缺乏动力，慢慢演变成为奖励而做事，而不是自觉行为了。当老师减少奖励时，有的学生甚至会质疑老师为什么这次的奖品这么少，甚至到后面一颗糖的奖励已经不能满足他们了，他们需要价值更高的东西，比如文具盒、七巧板等。

譬如，班上的学生原本就爱阅读，可以说内在动机很强。如果我们跟学生们说，每天都能坚持阅读的学生到期末的时候可以获得一份小礼物作为奖励，此时学生就会看重外在奖励带来的实惠。在这种意识作用下，原先的内部阅读动机会渐渐转变为了奖励而阅读，那奖励反而起了反作用了。

当学生没有自觉地形成学习动机时，我们必须助推学生一把，以适当的物质奖励去激发学生的学习兴趣。但是，当学生本身已经对学习活动感兴趣时，就不必要再给学生奖励，这样会多此一举，适得其反。

二、选择恰当的奖励方法

1.激发内部动机

德西效应要求我们要讲究激励的艺术，激发学生的内部动机。现在大部分学生对学习的动力不强，部分老师大力鼓吹外部奖励的益处，经常以外部奖励去激发学生的学习动机，时间一长，学生离开了外部奖励就没有学习的动力。也有些老师认为外部奖励对学生有害无利，以口头语言对学生进行激励，希望激发学生学习的内部动机，但效果却不大理想。

当学生对学习不感兴趣时，我们先以外部奖励来引起学生对学习的注意，激发其外部动力，慢慢地将外部动力转化为内部动力。当行为习惯养成后，我们给予学生精神鼓励与适当的外部奖励，以此巩固学习的内在动机。

当使用外部激励时，学生始终对这件事情不感兴趣，那该怎么办？

我们可以这样做：首先，认可学生的观点，也许这是件无聊的事情。接着，引导学生了解虽然他对这件事情提不起兴趣，但它却有做的必要。之后，下放自主权给学生，我们只是引导学生主动去做。最后，当学生展现出对事情感兴趣时，我们要给予学生充分的肯定，从而进一步巩固其兴趣。

如学生不爱做数学计算题，觉得题目枯燥无趣，我们可以这样引导他：“老师经常看到你在课间的时候阅读关于航天类的书籍，老师心想你一定对航天方面很感兴趣。可你知道吗？我国的航天研发人员之所以能够研发出这么厉害的航天科技，是因为他们的数学非常厉害。在设计卫星的时候需要计算大量的数据，如果连计算都算不好，那么怎会成功呢？所以，我们从小就要学好数学哦！”我开始每天布置10道计算题，让他从中选择题目来做。当他做对时，我就给予他鼓励，慢慢学生做题的数量就越来越多，而且正确率越来越高。

2.促进物质奖励向精神奖励的转化

想要学生保持积极主动、坚持到底的学习兴趣，我们要合理运用物质奖励与精神奖励，二者相辅相成。因为如果只是注重物质奖励，会让学生产生做事只是为了奖品的错觉，他们做事就不注重过程只在乎结果，所以要把物质奖励适时地转化成精神奖励。比如，当学生的某一行为值得表扬时，不应该只是给他奖励一个小奖品，而是在奖励前要说明甚至渲染是他的这种行为才获得奖励的。慢慢地，他会在心里建立这样的联系：是因为这样的行为我才得到奖励，如果想得到奖励就要再次这样去做。长此以往，他就会自然而然地去做。

对学生奖励时，我们要准确告知学生具体是哪个行为得到了奖赏。表扬和奖励时要具体形象，多用建设性的赞美，少用空洞的、评价式的赞美。比如，小明最近这段时间上课认真听讲，作业用心完成，在测试中取得优异的成绩，这时候老师与其奖励学生奖品，还不如口头表扬学生，肯定他这段时间所做的努力。我会这样表扬小明："小明，你这段时间上课认真听讲，课堂上积极举手回答问题，课后作业也很认真完成，老师看到你为这次的考试付出了很大的努力。我为你的进步感到高兴！希望你继续保持。"

案例链接：

积分存折，强化正确行为

记得第一年刚工作的时候，我担任小学三年级2班的班主任。刚接手这个班级时，我充满了热情，开学之初就购买了一大堆礼物和零食，并制定好一系列的奖励方案。比如，当学生每天必做的看拼音写词语题做全对时就可以获得一颗糖；单元测验考到90分以上就可以自行挑选一份礼物。就这样，学生们学习时的热情明显高涨，课间都不休息，就坐在位置上做作业。每天放学后就有一大堆学生跑去我那里兑换礼物。正当我为自己的"成功"措施沾沾自喜时，一次课间休息的时候，我听到几个学生在讨论："这次老师奖励的礼物要好一些，如果是个篮球更好了，不然我没有动力考高分。"其他学生也在那里随声附和。我困惑了，怎么学生只是为了拿到好的奖品才去学习？甚至有了奖品还不满足？而且我慢慢发现班上有的学生为了获得这些奖励去抄袭别人的作业。有时我布置做的作业没有奖励时，学生会十分失望，对待这项作业也不怎么用心。

期中检测，学生们的成绩也并不理想，我疑惑极了，不知道该怎么办。我向有经验的王老师请教，王老师告诉我，外在奖励多了也不利于学生的进步成长。她告诉我："你现在可以用代币制的形式来奖励学生，确定代币与奖励的兑换标准，这些数量和标准要有一定的等级的。等学生的代币达到规定的数量时就可以到你这里兑换礼物。"

我听了王老师的话，重新制定了奖励方案，每个学生发放一本积分存折。每当学生课堂表现好或者作业质量优秀的就可以在存折上记上一分，每当存折达到30分就可以去我那里换取一份小礼物。而且当学生表现好时，我都会当着全班学生的面表扬学生哪种行为得到奖励。慢慢地，学生就明白是因为有了正确的行为才令自己得到奖励，这样就会不断强化正确的行为。

三、选择恰当的奖励机制

若我们真的需要用物质来奖励学生，也不一定要用直接奖励。直接奖励易引发学生物质化，要慎用，因此可以先用代币法、积分法等进行等级奖励。若学生表现好的可以获得一定数量的代币，这些代币可以积攒起来，用来换取学生所青睐的物品，或者换取从事所向往活动的特权（如在班上观看一场电影等）。我们可以和学生一同商议确定行为达到时能够获得的代币数量，确定代币与奖励的兑换标准。这些数量和标准要有一定的等级，这样才能有效地激发学生下一次行动的内在动机。比如，学生家庭作业书写质量达到优秀水平可以奖励一个代币，学生在课堂上举手回答问题的可以奖励一个代币，回答正确的则可以奖励两个代币，等等。

我们还要规定好什么时间学生可以用代币来换取物品，一般建议是半个月到一个月进行一次兑换。因为如果学生兑换物品的时间间隔短，平时学生会把注意力集中在这上面；若间隔时间长，学生会感到无趣，那么这种奖励机制就起不到作用。

老班心语

小学生好动，自控能力较弱，他们的年龄特点决定了他们需要一定的奖励激发内在驱动力。所以，我们在鼓励和表扬学生时，尽可能抓住能让学生自己激励自己的动力点，要注意使用精神奖励为主，物质奖励为辅，充分激发学生对学习或者活动的内在驱动力。

05 普雷马克效应

依随有度，激发动力

普雷马克效应心解读

普雷马克最早提出，利用频率较高的行为来强化频率较低的行为，从而促进低频行为的发生，这一原理被称为“普雷马克效应”。由于很多祖母对付孙子也常用这种方法——“先吃了你的蔬菜，然后你就可以吃甜点”，所以又被称为祖母原则。说得更明确些，就是先让孩子做没那么喜欢的但必须要做的事情，然后就可以做自己喜欢的事情了。

链接中国智慧说

中国古代智慧中有很多对矛盾对立项的辩证把握和持守。如“将欲取之，必先予之”，想要夺取它，必先暂时给予；“凡欲立者，必先破也”，想要立新，必先除旧；等等。这种先弱后强、先苦后甜式的依随关系的选择显示了中国古代哲学对社会的洞见和对人生智慧与世界真理的总结。普雷马克效应也是这种看似矛盾的辩证对立的依随关系的体现。

一线带班心智慧

正向引导常常能鼓励学生表现良好，行为刺激更能强化学生良好的行为习惯，普雷马克效应就是一种有效的行为刺激法。它用学生“喜欢的行为”作为“不喜欢行为”的有效强化物，让学生先做不喜欢但必须要做的事，再让他们做喜欢的事。

普雷马克效应也能运用到班级管理中。班主任可以利用学生的高频行为（喜欢的行为）作为低频行为（不喜欢的行为）的有效催化剂。我们可以用学生喜欢的事情作为奖励，鼓励学生先做好不喜欢的事情。

一、行动在前，强化在后

在学校教育或家庭教育中，普雷马克效应常用来帮助学生去做他们不乐意做的事情。比如，首先完成作业，然后可以玩游戏；首先打扫好教室，然后可以出去踢球；首先取得好成绩，然后可以买礼物……然而，我们一定要记住必须要学生先有行动，再实施强化，这是这一原理效应的操作要点，顺序绝不能颠倒。例如小艾很爱看漫画书，无论上课下课都捧着系列漫画书津津有味地看，甚至将老师布置的课堂作业抛之脑后。为此，老师规定他必须先专心上课、完成课堂任务，到下课或午休才可以看漫画书。无论有什么特殊情况，都不能破例。小艾遵守了这项规定，上课变得专心了，课后作业也按时认真完成，那我们老师就要兑现承诺。相反，如果我们颠倒了顺序，允许小艾先看漫画书，再完成课堂任务，那么小艾就会失去好好上课的动力，也没有时间去完成课堂任务了。

二、“摸清”学生，运用有数

有些老师常常想当然认为学生喜欢某物或不喜欢某物，容易给出错误的强化。如我经常觉得让拖拉的童童朗读课文要比让她抄单词有趣得多，因此我告诉她：“你先抄完这些单词，然后就可以快乐地朗读啦！”结果童童还是拖拖拉拉。后来经过沟通，我才知道原来童童因为各种原因很害怕朗读，反而她认为抄写单词很简单。可见，我们在选择强化物时，必须了解学生的喜好。当然每个学生的喜好都不相同，对A学生来说是强化物的东西未必是B学生喜欢的，因此A学生的强化物不能设定为B同学的强化物。即使是同一个学生，随着他们的成长，兴趣也在不断发生变化，我们看待学生的眼光也要随之发展，采用的强化物也要不断地更改，不能一招用到老。

因此，在使用普雷马克效应前，老师也要注意变换强化物。老师只有多观察、多沟通、多了解，做到心中有数，才能找准合适的强化物，才能“因人施奖”。对不同的学生采取不同的方法，对同一个学生也要用发展变化的眼光去看待，才能让普雷马克效应真正发挥作用。

三、增强意识，保质保量

让学生明确强化物与必须做的行为之间的依随关系，并强调要端正做事的态度，巧借学生对喜好行为的期待心理，能够帮助学生养成良好的行为习惯，最终实现“行为强化”。

为了尽快得到强化物（喜欢的行为），也有一些爱钻空子的学生没有认真对待必须先完成的事情，只是马虎应付，草草了事，不能做到保质保量地完成。在运用此原理效应时，我们要关注学生完成任务的态度，追踪完成的情况，及时反馈，纠正态度，把好关，不能让学生“浑水摸鱼”。比如小兰想快点去操场上和同学玩，就随便摘抄了几句话当作完成了阅读笔记作业。班主任发现后立刻与她谈话，向她明确允许她去操场上和同学玩是对她“认真”完成阅读笔记的一种奖励，而不是促使她任意乱为的。如果小兰敷衍、草率地完成阅读笔记，那是不过关的。如果没把好关，随便允许她去玩，那会让她养成不好好写作业的恶习，是对她的不负责任。完成阅读笔记不够认真，不但不能去操场玩，还要接受批评教育或惩罚。这样才能让小兰意识到保质保量完成作业的重要性，才能认真地完成阅读笔记作业，才能真的学有所获。

四、不忘本心，激发动力

我们在使用普雷马克效应时，要常常反思自己为什么要使用这一效应，是想激励学生主动、高效地形成行为习惯，还是单纯想让学生完成既定要完成的事情。这两者看似相同，其实有本质区别。外部强化物，如金钱、游戏等，固然有一定的激励作用，但很容易迷失教育的本心，甚至让学生失去内在驱动力，也就无法养成良好的行为习惯。因此，我们也要注重使用普雷马克效应的频率与内容。比如，当学生提出以玩游戏为条件来做其他事情时，我们可以适当地拒绝，并和孩子商量换一种奖励方式，同时注意拉长奖励的间隔。我们也可以在需要培养的行为习惯方面找到与学生的兴趣相近的点，以此培养他们的内在驱动力。比如每天午读课都需要安安静静地阅读，可是很多学生却喜欢窃窃私语，跟周围的同学分享课外书的内容。这时候老师发现他们喜欢分享书中内容的兴趣点，于是将阅读与读书分享联系起来，同学们阅读的内驱力大大提高了！

可见，只有科学有效地使用原理效应，让学生体验克服困难的成就感、培养持久的兴趣以及坚持下去的毅力，才能激励学生自主进步，从自身成长中获得快乐，进而激发出内在驱动力，养成能一以贯之的良好习惯。

案例链接：

我实现了“学生早读自治”

以前为了让学生形成自觉早读的习惯，我每天7点30前到教室，时刻督促已到校的孩子迅速准备好早读材料，开始大声早读。然而我发现，只有我盯着的时候，学生才会认真读，我不在班级时，早读情况就不尽如人意。我希望能从时刻督促到放手，让学生有自觉性。于是我想到了运用普雷马克效应进行强化训练。

一开始，我跟同学们说：“希望同学们一到学校就自觉读书，如果能坚持三天，就奖励自主选择去动物园喂养小动物或者去植物园看花。”学生们高兴极了，积极性很高，果然认真坚持了三天。我也兑现了诺言。

我看到同学们迈出了一小步，就尝试着督促学生迈前一大步，“倘若你们能坚持五天，那就奖励你们到操场上玩团体游戏；倘若连续两周同学们都能做到一到学校就开始早读，并且声音响亮，我会在下周五放学前奖励个人积分、小组积分，颁发“早读之星”奖状，还会在家长群中发祝贺信。”这一举措激起了同学们的热情，他们开始自我约束、互相监督，为了实现共同的目标而奋斗。而我则不再天天监督，而是隔三岔五、不定期到班检查，比以前轻松多了！

看着学生斗志昂扬的样子，我进一步提高了要求：“同学们若能坚持一个月，到月底时，老师不仅会发奖状，还有神秘礼物；如果你们能坚持整个学期，那么期末还可以开一次联欢会！”两个月后，学生终于形成了一到班就认真响亮读书的好习惯，学风班风都有了很大的改变，学习成绩也显著提高。至此，我终于实现了“学生早读自治”！

老班心语

我们在使用普雷马克效应时要注意两点：第一，普雷马克效应对于帮助学生养成良好的学习、生活习惯有莫大作用，但从学生长远发展来看却未必十分有利。如果老师和家长经常这样做，很容易让学生形成一种“原来完成学习任务是为了……”的惯性思维，而没有激发出热爱学习、主动学习的内驱力。因此，我们要注意使用的频次、强化的内容，多方面引导学生爱上学习，激发他们真正持久的内在学习动力。而且，如果过度使用同一个强化物，强化物就可能失去原有效力。第二，学生喜欢的事物往往不尽相同，对一个学生有效的强化物可能对另一个学生不适合。因此，我们需要花更多的时间真正用心了解我们的学生。

06 框架效应
说话有技巧，沟通更有效

框架效应心解读

人们在沟通中，对一个本质上相同的问题，由于表达和描述方式的不同导致了决策和判断的不同，这在心理学上叫作框架效应。它告诉我们：在人际沟通中，关键不在于说什么，而在于怎么说。这个“框架”的作用是将人的思维“框”在它所给出的架子里，进而影响人的判断和行为。

链接中国智慧说

“良言一句三冬暖，恶语伤人六月寒”出自集结中国古代各种格言、谚语的《增广贤文》。意思是关心的话说一句，即使在三九寒冬都会觉得温暖；伤人的话说出来，在三伏天里也会让人觉得心寒。这句话道出了好好说话在沟通中的重要性。《琅琊王氏家规》中有句话说：“言宜慢，心宜善。”寥寥数字家规，也告诉我们说话有智慧、有技巧。这种我们老祖宗传下来的沟通智慧，正是中国式的框架效应。

一线带班心智慧

班主任是班级的灵魂，是班级工作的组织者，是学生成长的引领者，是班级各种教育因素的协调者。班主任若能在带班的过程中运用好“框架效应”，定能收到事半功倍的效果。

一、说话有技巧，有助于当好“孩子王”

班级里几十个学生来自不同的地区、不同的家庭，班主任要当好“孩子王”绝非易事。但如能活用框架效应，“孩子王”就好当了。

1.换角度说话，让学生改掉坏习惯

俗话说“人无完人”，更何况是小学生。他们年纪小，心智不成熟，小毛病自然不少。我们进行教育时，有些学生会敏感、脆弱，喜欢跟老师唱反调。如果老师不好好说话，要么可能伤了他们的自尊心，要么可能激发他们的逆反心理，跟老师对着干。我们可以试着从学生的角度去看问题，用学生容易接受的方式提醒和帮助他们改掉坏习惯。如有的学生上课总坐不住，我们可以这样说：“老师注意到，这节课你只离开座位三次，自控力有进步！”通过对行为的具体描述，肯定了学生的进步，学生感受到老师的关注，就会有改变的动力。对平时懒散、拖拉的学生，很多老师可能会这样批评：“怎么天天催促，你总是慢悠悠的！”其实老师可以幽默地说：“其实我小时候经常会跟‘慢羊羊’或‘懒羊羊’在一起玩，不过我为了能当‘喜羊羊’，后来就跟他们绝交了。”幽默风趣的语言让学生更容易接受，更愿意改变。早读时，我看见有学生吃东西，差点冲口而出：“早读开始了，你还在吃东西，像什么样！”但转念一想，如果这样，学生一定尴尬无比，对我心生埋怨，继而产生对抗情绪。于是我这样说：“你为了不迟到，连早餐都来不及在家里吃。不过老师希望你早点起床，在课前好好把早餐吃了，因为吃得太仓促对身体不好，而且还会影响其他同学早读。”这样说既顾全了学生的面子，又表达了对学生的关心，还指出了学生的问题以及老师的期望。学生感受到老师的善解人意，就会努力把坏习惯改掉。我们通过换一种说话方式，引导学生把注意力放在积极向上的行为上，才能帮助学生改掉坏习惯。

案例链接：

幽他一默，唤回“出窍魂”

我刚接手的一个班，学生学习态度比较松散。科任老师反映课堂上学生碍于老师的威严虽然不敢讲话，但有些学生总是发呆，多次严肃批评但收效甚微。

一次语文课上，我正在讲节选自《西游记》的《猴王出世》时，发现小峰两眼放空，神情木然。唉，又在发呆！此时，我真想怒气冲冲地批评：“小峰！又在想什么？与其在这儿发呆，不如回家睡觉去，省得碍眼！”但转念一想：这样一定会伤了小峰的自尊，非但于事无补，而且可能会使小峰对我心生怨恨，进而变本加厉。忽然，我灵机一动，说道：“小峰同学真厉害！你把孙悟空的绝技练得出神入化了！”学生们齐刷刷地看向小峰，个个丈二和尚——摸不着头脑。“老师，什么绝技？”班长忍不住问。“元神出窍呀！”我一本正经地回答道。课堂上顿时爆发出阵阵笑声，小峰的“魂”被笑声唤了回来，脸涨得通红，不好意思地笑了。这时候，学生们的精神都为之一振，注意力都集中了。

又一个闷热的下午，我们在上语文课，大家都昏昏欲睡的。我“一不小心”把讲台上的三角板掉到地上。“哐”的一声把学生们惊醒了，我满脸歉意地说：“真抱歉，打扰大家修炼‘元神出窍’了！”“哈哈……”这样一来，学生们睡意全消。

正如苏霍姆林斯基所说：“宽容引起的道德震撼比惩罚更强烈。”此后，只要有人发呆，旁边的同学总会提醒他别“元神出窍”，精神就会集中，课堂效率也会得到提高。

只是换了一种表达方式，不仅在宽松愉悦中解决了学生上课走神的难题，而且顾及了学生的自尊，还赢得了学生的钦佩，可谓一举多得！

2.肯定式说话，让学生更自信

苏霍姆林斯基曾经说过："要让每一个人都抬起头来走路。"在这个充满竞争的时代，自信心尤为重要。然而，表现不够自信甚至自卑的学生很常见——有的因为性格腼腆内向，害怕在人多的场合表现自己；有的因为成绩差而不自信；有的则因为家庭原因而自卑……他们总觉得自己低人一等，做事总是畏畏缩缩，遇到困难容易放弃……我们更应该活用框架效应，激发他们的自信心。

一个学困生，在练习时10道题只做对4道，老师不满地说："10道题竟错了4道，你究竟有没有听课？"学生听了会认为自己一无是处，可能会自暴自弃。我们可以换个说法："不错！做对4道题。" 通过这样的肯定式说话，学生受到鼓舞，会加把劲学习，成绩自然会进步，人自然也会变得自信。

3.带入感情说话，拉近师生距离

带班过程中，常常会遇到棘手事件，这对于班主任来说既是挑战，又是考验。如果班主任懂得说话技巧，就有助于拉近师生距离，让学生觉得老师是自己人，事情就好办得多。比如，班级每天集队总是拖拖拉拉，追逐嬉戏。该如何改变这种状况呢？很多班主任可能会立马痛批："你们是怎么集队的？全班都嚷嚷，像什么话！……"这样效果是立竿见影的，但难以持久，第二天学生可能又故伎重演。这时，我们不妨打打感情牌说："你们不遵守集队纪律，罚站5分钟！我是你们的班主任，是班集体的一员，我没能教好你们，我也要接受惩罚。我们是一家人，应该共荣辱。"然后带头笔直地站在队伍的前面。这样说，会让学生觉得老师处事公平，是自己人，师生距离瞬间拉近，自然会听教，以后集队都能自觉做到快、静、齐。

二、说话有技巧，有助于团结科任老师

一般情况下，班主任对待自己担任的课程相对比较认真，但对于科任老师的课程，无论是课堂纪律还是作业，相对会随便一些。当科任老师向班主任抱怨："某某学生，上课特别闹腾！"如果班主任说："不会呀，我上课他好好的。"这样就是在暗指科任老师课堂调控能力差，人家心里自然不是滋味，又怎会跟班主任真诚合作呢？我们可以这样说："是呀，他上我的课也是这

样，我们一起看看有什么办法可以改变他。”科任老师自然愿意和班主任一起商量对策。如果学生或家长对科任老师有微词、有抱怨，班主任就要极力维护科任老师的声誉。我的班长反映英语老师太严格了。此时，如果我说：“过于严格也是让人反感的。”学生必定对英语老师更加反感。我们可以笑着说：“严师出高徒呀！”这样既维护了英语老师的形象，还顺带夸了一下学生，会让科任老师感觉到自己跟班主任是同一战壕里的战友，从而更愿意积极参与到班级管理的事务中。

三、说话有技巧，有助于促进家校合作

我们与家长沟通中，遭遇家长的误解、埋怨、投诉等屡见不鲜，这时用好框架效应尤其重要。一位家长因孩子犯错被请到学校而觉得很没面子，见到孩子便无法克制自己，劈头盖脸就是一顿批：“你这小子，屡教不改，真丢人！”说着就是一记耳光。如果班主任也附和：“该打！都说过多少次了，依然死性不改！”这无异于火上浇油，家长的怒气也难平，又怎会跟班主任好好配合呢？我们应安抚家长说：“我们不着急，您的心情我很理解，坐下慢慢聊。孩子年纪小，有时做错事是很难避免的，不要过分担心孩子。如果处理得当，吃一堑长一智，孩子就可以在错误中成长的。”这样一说，家长的怒火就容易平息，后面再和家长一起心平气和地跟学生了解事情的经过，认真分析，弄清对错，引导教育孩子明确改进方向。这样的家校共育，才能起到应有的作用。

老班心语

我们若能运用好框架效应，带着技巧说话，可以协调各种教育因素，营造出和谐、宽松的教育氛围，收到意想不到的神奇效果。但要让框架效应发挥神奇的效果，就要注意学会三思而后说，好好观察，好好听别人说话，要看到和听到对方后面真正要表达的意思，才能真正捕捉到说话的关键点，这样才能说出真正好的话。同时，我们还要随机应变，调动幽默细胞，增强说话的吸引力和感染力，提高教育效果。总之，学无止境，建议班主任多看演说类的书籍，丰富自己的语言技巧，提升自己的说话能力。

07 圆桌效应
平等交流，教学相长

圆桌效应心解读

由于圆周上的点到圆心的距离是均等的，大家围着圆桌吃饭，容易产生亲切、和谐、融洽的氛围。所以圆桌效应就是指大家地位均等，没有高低贵贱之分，大家平等和谐地相处，情绪比较平稳轻松，共同做事的效率更高。时常追求圆桌效应，就能使人趋善务善，从善如流。

链接中国智慧说

孔子跟他的弟子谈论治国、教育及生活情趣时，弟子曾点回答："莫春者，春服既成，冠者五六人，童子六七人，浴乎沂，风乎舞雩，咏而归。"意思是：暮春时节，穿上春衣，约上五六个成人、六七个小孩，在沂水里洗澡，在舞雩上吹吹风，一路唱着歌回家。孔子听后，大加赞赏。我们可以从这里看出，孔子并不是一味强调师道尊严，高高在上，其实他也赞成跟学生和谐相处，共同学习。"亦师亦友"正是圆桌效应的智慧之道。

一线带班心智慧

良好的师生关系可以让学生产生安全感，减少因学习而产生的焦虑，让学生有良好的情绪去面对学习。

学生虽然是我们的教育对象，但是师生之间在人格上是平等的。老师只有树立平等的观念与学生交往，才能激发学生参与各项教育教学活动的热情。师生关系和谐融洽，教育教学活动才能顺利开展并取得理想的效果。充分运用圆桌效应可以帮助班主任塑造课堂和谐的教育教学氛围，从而激发学生探求知识的好奇心及积极向上的学习热情。

一、放下架子，平等沟通

在班级管理工作中，一些班主任为轻松省事，得过且过，所以就运用一些高压强制的方式来管理学生。在他们的心目中，只要我的学生服服帖帖，中规中矩地学习、做事就够了。因此，日复一日，年复一年，这些班主任都会习惯于做一些表面的、事务性的工作，却忽略或很少顾及学生深层次的情感需求。在一个班级里，如果缺乏民主平等的对话意识，随着时间的流逝，学生慢慢就会对班集体产生漠然和不理解，甚至会产生反感抵触的消极情绪，从而疏远同学与班主任，对班集体产生距离感。因此，班主任要充分运用圆桌效应来建立良好的师生关系，提升班级的向心力。

首先，班主任要真心实意地放下自己高高在上的架子，舍得降低自己的“高度”，“蹲下身子”从学生的角度去理解学生心中所想，让学生在心理上获得充分的自由感和安全感，从而营造出一种师生之间相互理解的交流氛围，创造一个学生敢大胆说出自己想法的环境。

其次，班主任要善于把传统的“强权”管理转变为情感管理。在人格上，老师与学生的地位是绝对平等的。因此，班主任要坚持民主作风，平等待人，认真且虚心地听取学生的意见和建议，尊重、理解学生的不同意见，让学生为班级工作建言献策，承担一定的责任，享受被尊重、被认可的成就感。这样学生才会有参与班级建设的动力。

以平等的身份与学生谈话，学生才会降低面对老师时的紧张情绪，才能与老师建立“零距离”的和谐关系，才会心悦诚服地领会和接受老师的教育意图。

学生聆听老师的教导，老师也要通过学生的反馈意见及建议，及时改进自己的各项管理措施和班规。只有当班级目标、各项公约、活动都是建立在和班级学生一起商量的基础上，才能让每个学生积极参与到班级管理中来，从而让学生形成一种班级里“人人有事做，事事有人做”的主人翁意识，才能大大增强班级的向心力。

案例链接：

我能控制好“小恶魔”

新接班的我，观察了好一段时间，发现A是一个好动、喜欢动手打人的孩子。一天放学，我叫A来到办公室。

从A的描述里知道，他是希望自己拥有更多的朋友，并不是真心想打人的。孩子知道打人是不对的，被打的人会很痛、很难过，老师知道了会批评，父母知道了会生气，别人的父母知道了也会投诉。

如果只是针对这个孩子打人的行为去批评他，让他不要打人的话，这种行为很难改善。如果把这种行为外化成一个“小恶魔”在作怪，孩子就不会有压力，他自己就会有信心把它控制住，还会想出各种办法制服“小恶魔”，不让它再出来伤害别人。

于是，我与A一起商讨，明确打人这个事情非常不好，我们还一起给它起了一个名字叫“小恶魔”。怎样才可以控制住这个“小恶魔”，让它不要出来打人呢？通过与孩子共同分析，孩子知道了在自己不开心、作业太多、爸爸妈妈生他气的时候都会忍不住想动手打人。根据这三种会打人的情况，我跟孩子一起想办法控制“小恶魔”。摘取一个对话片段：

我：假如我不小心碰到你，跟你说“对不起”，你会说？

A：没关系。

我：对！这样，是不是就可以不打人了？

A：（沉默，思考）

我：这样你跟同学就会减少很多矛盾了！

A：嗯。

我：有时候，你也会不小心碰到别人。你会说“对不起”，别人就会知道你不是……

A：不是故意的。

我：对。你看，如果你上次跟别人打架时，你及时向别人说声对不起，别人会怎么说呢？

A：没关系。

我：对！如果这样做，别人就会原谅你了，是不是？

A：嗯。

我：我们现在知道“小恶魔”是可以管住的，也知道用什么方法来管住它。

A：是的。

我：好，如果是别人的“小恶魔”没管住，不小心碰到你的话，你会用什么方法呢？

A：我会说，你是故意的，还是不小心的？

我：嗯，我是不小心的，对不起。

A：没关系。

我：很好。或者他没有跟你道歉，你就要跟他说，你要跟我道歉。

A：好。

我：如果碰到“是故意的”，应该怎么办？

A：告诉老师。

我：如果他说是故意的，你就打他，后果会怎么样？

A：更严重了。

我：拳头是解决不了任何问题的，它是“小恶魔”在作祟。明白吗？

A：明白了。

二、班规面前，人人平等

国有国法，班有班规。班规是班级管理的必要手段。制定合理的班规，在实行中做到人人平等，这样班主任才能把班带好。

1.班规制定人人有份

好班规的制定是有讲究的，是学生依据自己对班级需要履行的责任和义务，结合《学生守则》的要求共同商讨出来的。具体操作是先分组讨论班规的内容，然后集中意见进行筛选，以全员民主参与的方式制定。在这个过程中，班规的条目会从少变多，又从多变少，最后，处于一个相对完善的状态。只有经受得起讨论的班规，才是最适合班级的。这样的班规每一条都能让班级和学生向着更好的方向前进。在班规制定的过程中，班主任作为“平等者中的首席”，参与、指导、引领的作用要充分体现。

特别是小学高年级的学生，共同商讨的效果特别好，因为他们已经有一定的独立思考能力和管理能力。在跟这些孩子商量的时候，他们往往会主动提出自己的想法。同时在商量的过程中要进一步厘清各项要做的事情与做事的方法，这样学生就会积极地参与到班级的各项管理当中。学生的积极参与，推动了班级管理工作顺利开展，也大大减轻了班主任的负担。

2.规则面前人人平等

班规是大家商定的，谁违反都要受到相应的处罚。有些班主任受光环效应的影响，对学习成绩好、表现抢眼的学生往往特别宽容。当他们偶尔做出一些违反班规的事情时，很容易忽略不计，不按班规来处罚。相反，平时常常调皮捣蛋、“劣迹斑斑”的学生，稍有一些行为偏差，做了什么违规小事，班主任对其处罚的力度却特别严厉，甚至还会说出一些伤害他们自尊的话。这种“双标”的做法学生看在眼里，往往会引起学生极度的不满。他们会认为班主任有私心，没有做到一碗水端平，这样班级管理制度就很难深入持久地落实，也不利于班级凝聚力的提高。

要想班级不出大问题，就要从常规小问题着手。我们可以每周召开班干部会议和班级总结会。我们通过每周的班干部会议，根据各班干部向总管班长汇报的情况，了解到本周班级存在的问题，提前思考更好的解决方案。在新一周召开常规班会时，总管班长根据汇报登记本上的记录，就知道上周哪些地方做得好，哪些地方做得不好。在做总结的时候，班主任综合总管班长的各项反馈，就能更好地和全班同学一起商量，一起把存在的问题想办法解决。

三、小组合作，平等学习

小组合作学习是一种比较高效的学习模式。要想高效运用此模式也是有讲究的。在进行小组学习或者小组管理的时候，班主任需要运用圆桌效应，营造一种平等的氛围，才能实现小组内各个成员间平等互助，尊重互惠。

学习小组要按照水平层次分组。在每个学习小组内都要有一个组织管理能力强的“领头羊”。之后根据每个孩子的能力安排力所能及的事情，明确每个人的职责，授予相应的职位，让每个人都“有事做，有事管”。在管好自己的前提下，小组成员间取长补短，把小组合作力真正发挥到极致。这种模式有助于建立平等尊重、互惠互助的小组氛围。

这种合作小组既能对平时的班级管理起作用，又能对平时的学科学习起重要作用。真正要它在平等友爱的环境下正常运行，就一定要让每个小组都建立各自的团队文化，设立共同的奋斗目标，每个人的职责分工明确，组内有专属的特色组名、口号、POSE，提升归属感与集体荣誉感。

老班心语

师生关系是班主任工作中的关键，它直接影响到教育的质量和学生成长。如果班主任都能自觉意识到这一点，巧借圆桌效应，构建平等民主和谐的师生关系，就会大大提升班主任的工作效率。但也要注意避开一些误区——师生的确在人格上是平等的，在管理规则的制定上也可以是平等的，但在管理权上，班主任还需要行使管理职责，坚守职责边界，不能因为师生关系友好，而忽略严格管理职责。

08 鲇鱼效应

引入优秀竞争，激活班级活力

鲇鱼效应心解读

挪威人喜欢吃沙丁鱼，为了使其更鲜活，渔夫就在沙丁鱼群中放一条食肉鱼——鲇鱼。沙丁鱼感受到威胁，四处逃窜，存活率更大。管理学从这个故事中引出一条管理机制——鲇鱼效应。这一效应强调，通过个体的“中途介入”，对群体起到促进竞争的作用，达到整体进步的效果。运用好鲇鱼效应，在“你能我也能”的竞争意识下，会出现“比、学、赶、超”的良好班级氛围。

链接中国智慧说

孔子曰：“人无远虑，必有近忧。”人们不应满足于一时的富足与安乐，而应居安思危，作长远的打算，才能防备“乐极生悲”。《孟子》中说道：“生于忧患，而死于安乐。”此话告诉我们，只有心怀一定的危机感和忧患意识，才能使我们在当今社会如此激烈的竞争中得以生存，寻求立足之地。我们老祖宗的这种竞争意识正是“鲇鱼效应”的概括。

一线带班心智慧

班主任在带班过程中，引入良性竞争，给同学们制造适度的压力和紧迫感，不仅可以调动学生的积极性，还能激活班级的生命力。

一、找准“鲇鱼”，激活班级拼搏力

班上学生在一起学习久了，竞争和对抗的积极性就会降低，部分学生甚至有一种懈怠的思想，感觉自己还可以，就失去了努力向上的目标。久而久之，整个班级就没有了拼劲，停滞不前甚至每况愈下。在班级管理中应用鲇鱼效应的最终目标是在班级中注入一种“鲇鱼”气息，也就是构建“鲇鱼效应”的长效竞争机制，让学生在班级管理中时刻保持强烈的良性竞争欲，最终营造良好的班风，使全体学生在潜移默化中感受竞争文化的影响，不断提升自身综合素质。

在班级中，如何根据自己的实际情况，找准适合的目标鲇鱼，激发自己的内在驱动力，使自己也成为一条鲇鱼，推动整个班成为鲇鱼班级呢？首先，我们通过摆出学生以往的成绩，帮助其正确定位。然后，分析出班级或年级内学生有可能赶超的目标，综合学生自己找的目标，权衡之下锁定最后目标，将“鲇鱼”放进学生心中。接着，与学生商定追赶“鲇鱼”的训练计划，适时激励，肯定进步。比如一年一度的体艺节，为了更大力度地调动学生参加的热情，激活班级拼搏力，我们可以帮助学生先从班级里或年级内找一个竞争对手作为自己的比赛目标——有可能超越的“鲇鱼”，才能最大限度地激发学生的竞争欲。正值比赛前夕，人人都在训练，莫大的危机感油然而生。每个人心中都有一条“鲇鱼”，自己也是别人心中的“鲇鱼”。就这样，人人有目标，人人要求进步，都朝着目标靠近，“鲇鱼”文化弥漫全班，整个班级充满了拼搏力！

二、善用“鲇鱼”，构建优秀班集体

作为班级管理者，如何带领一个班在年级内乃至校内成为一个优秀的班集体，我们可以利用鲇鱼效应，唤醒同学们的竞争意识，推动班级整体发展。

1.引入管理层，激活班委建设

班级管理中，培养班干部队伍除了学生自身得到锻炼外，还能减轻班主任的工作压力，甚至可以激活班级活力，可见班干部在班级管理中的地位不可小觑！建立班干团队时，我们要格外珍惜“异己者”——鲇鱼，他们往往敢言敢为，把他们引进班干队伍中，赋予他们权力的同时，也刺激了其他班干的动力，调动大家的竞争意识，最大限度地激发各自潜能，提高学习和工作效率。他们在竞争、比较中客观地评价自己，发现局限性，提高水平，从而使集体更富有生气。

2.助推班级活动，凝聚班级向心力

班级活动是凝聚班级向心力的有力途径。然而，“沙丁鱼”比例占绝大部分的班级，犹如一潭死水。这时有“鲇鱼”助推各项活动开展，会起到意想不到的效果。比如学校举行一年一度的运动会，可以要求“鲇鱼”协助体育委员做好赛前组建比赛队伍、组织训练、部署后勤等工作。体育委员感到有被替代的危险，鲇鱼又有被重用的感觉，两者就能发挥最大潜能，团结一个团队，带活一个团队，调动团队成员的积极性，为顺利开展各项活动“鞠躬尽瘁”。

如果班级活性不够，我们也可以专门上好体验式的团体活动课，在课中让学生充分体验，在积极的“鲇鱼”的带动下，受到影响，得到启发，知道如何参与活动，主动争取。

3.各科联合，激活学习热情

作为班主任，除管理好班级各方面的细节外，对于助推班级学习氛围向上发展，也有“义不容辞”的责任。根据科任老师的反馈，有针对性地对学生进行教育。语文、数学、英语、体育、美术等科目，学生各有所长，各有所短。如果一个班级允许和接纳学生的差异，并且从多个维度而不只是以成绩评价学生，那么无论是学习还是美音体等各个方面，都会有那么几位特别突出的学生，并且通常是不同的学生。他们的出现给其他人带来威胁，持续地唤醒班级活力，并且不同的学生在不同的领域充当“鲇鱼”，有利于更多的学生树立信心，更重要的是让学生意识到自己并非十全十美，明白“人各有所长”“人外有人，天外有天”的道理，从而充分投入到你争我赶的积极竞争当中去。

三、发掘“鲇鱼”，制造适当紧张感

我们要做一名聪明的“渔夫”，善于观察学生的言行，了解每个学生的长处和优势，挖掘其内在的潜力，发现潜在的“鲇鱼”。

“鲇鱼”通常以“特长生”“主动型学生”甚至“学霸”的身份出现在不同的领域，最常见的是特长生。例如活泼型的体育委员、能说会道的宣传委员、内向型的学习委员等。他们在班级中是大家的榜样，具有一定的号召力，为顺利开展班级工作提供了良好的前提。

作为班主任，面向整体，对不同层次的学生都要深入了解，因材施教。值得一提的是，学习成绩不是很理想，但是管理能力比较强的、有一颗为班级服务的心的这一群体，应当引起班主任的高度重视。比如放学后，学困生小全在教室里做作业，完成后，他主动帮助值日生扫地、拖地、擦黑板，勇挑重活累活。我看到这一幕后深受感动，在周一的班会上大力表扬小全。之后他更是主动承担班级事务，信心大增，学习也有大进步。班上，在他后面的学生都觉得自己与他能力相当，认为自己能超越他，也提高了自信心；在他前面的优等生认为自己本来就比他优秀，不能给他超越的机会，也更积极了。这样，班上形成了你追我赶的良好氛围，小全这条“鲇鱼”发挥了不可低估的作用。

教育契机无处不在。开学伊始，有插班生这种外来“鲇鱼”的加入，对原有的学生来说是不小的冲击。我们在摸清插班生情况的前提下，充分挖掘其优点，抓住每个细节大力表扬，制造适当紧张感，激活全班积极性，有时会有意想不到的惊喜。

案例链接：

“鲇鱼”进班，激活竞争意识

开学初，班上的学习氛围不活跃，学生上进心不强，我很苦恼。后来班上来了一位插班生——小昊。据了解，小昊在原来的学校是班长，管理能力比较强，成绩中上。我灵机一动，何不把他培养成班上的“鲇鱼”呢？我抓住转学生希望在新老师面前留下好印象的心理，对他表现出的任何进步或好苗头都给予公开的鼓励和表扬。

在第一单元检测中，小昊语文成绩拿了A。在评讲试卷时，我郑重其事地说：“小昊作为插班生，在本学期第一次检测中，难度比较大的情况下，他能尽快跟上班级学习节奏，拿了A。看来，他肯定下了不少功夫。现在有请小昊跟大家分享一下他的学习经验。”

小昊自信满满地走上讲台，有条不紊地细说：“大家好，我是一名插班生，看到班上很多同学都很优秀，我很有危机感。为了尽快跟上大家的脚步，我付出了很多。首先，我上课认真听讲，高质量完成每天的作业，不懂就问，当天事当天毕。检测前，做好全面复习，全力以赴。”

顿时，班上响起了热烈的掌声。课后，学生在日记中纷纷发表了自己的感受：小昊同学如此努力，我要向他学习；小昊的学习方法很不错，我可以借鉴；我很有危机感，我要更努力，不能让他超越我；我要多为班级服务，提升自我的存在感和价值。

就这样，新同学就像鲇鱼一样，逼着班上的“沙丁鱼”动了起来，班级氛围也活了起来，形成了你追我赶的良好学习风气。

老班心语

我们在运用鲇鱼效应时，一定要把握尺度，不宜“过火”。如果我们过分关注鲇鱼而忽略他人，可能会使学生感觉不公平，甚至对老师有负面情绪，并很可能通过排斥“鲇鱼”的方式来加以对抗，不利于班级的健康发展。学生的人生观和价值观还没有完全成型，有时我们的一次启发或点拨，足以点明前进的方向；合适的言语引导，具体的行为跟进，把鲇鱼效应融入到班集体建设中，让学生在潜移默化中学他人之长，补己之短，养成吾日三省吾身的自我管理习惯，最终成为更好的自己。

学生素质发展篇

XUESHENG SUZHI FAZHAN PIAN

01 目标效应
心中有梦，成长有轮

目标效应心解读

目标效应是一种积极的心理效应，一旦我们心中确定了清晰的目标，就会朝着这个目标不断努力前进，直至实现这个目标。在现实生活中，许多缺乏主动性、不积极生活的人，往往是因为缺少目标。其实，所有的成功者都是由制定一个个小小的目标开始的。一旦拥有了属于自己的目标，就会产生无穷的力量。

链接中国智慧说

“与可画竹，胸中有成竹”的故事出自北宋苏轼《文与可画筼筜谷偃竹记》，意思是心中有竹，才能画好竹。“取乎其上，得乎其中；取乎其中，得乎其下；取乎其下，则无所得矣”出自《论语》。这句古语对学子的启示在于：只有放宽视野，制定有利于自己向上奋斗的高目标，才能取得令自己满意的成果。一个人制定了高目标，最后有可能只达到中等目标，而如果制定了一个中等目标，最后有可能只能达到低等目标，如果一开始制定的是低目标，那恐怕是一无所得了。这两句古语都说明有目标，并朝着目标前进，就容易获得成功。

一线带班心智慧

目标是前进的方向，没有目标，就像在茫茫的大海里面找不着北。班主任灵活运用目标效应进行班级管理，不仅让班级和个人都有成长的目标，也会让班级管理更高效。

一、定好目标，打造班魂

班级文化建设，是班级的灵魂。班主任接手一个新班级，首先要定好班级文化建设目标，才能把班级建设好。一个好的班级文化建设目标，应根据班级实际，结合班主任的教育理念及学校育人理念来制定。

开学初，班主任要将自己的教育理念，从学校文化及班级文化的实际情况出发，与学生一起商量制定出适合本班实际的班级文化建设目标，并通过各种形式，将班级文化建设目标牢牢地扎根在每一个学生的心里。如果是低年级，学生年龄较小，可以通过建立家委会，并与家委会主要成员商量制定，再通过家长会把初定的班级文化建设目标和理念与其他家长一起解读，听取意见后进行改进完善。

如我在带班的时候，因为非常欣赏荷花高洁自强的品质，所以把荷花作为载体来打造班级目标。我的做法是：首先在家委会组织下，家长和孩子愉快地去荷塘观荷、赏荷、画荷，一起快乐地野餐。春游结束后，我让学生回家通过网络搜索和自己的理解，发掘出荷的高贵品质——“出淤泥而不染，濯清涟而不妖”，再通过主题班会一起商讨出班级文化建设目标：悦读、乐学、高洁、自强。紧接着通过班徽设计、班歌创作、团队建设、“悦读银行”等系统的体验活动，把班级文化建设目标融入每一项活动中，植根到每个孩子心里，并体现在具体的行为中。在开家长会时，通过文字、图片、视频给家长展示我们的班级文化建设目标和成果，让家长理解和认同我们的班级文化建设目标。这样一来，在班级开展各项活动和日常工作时，家长就会高度支持和配合。

二、化大为小，人人有为

有一个马拉松运动员曾说过，他最终能把这个马拉松跑下来，不是因为他有一个终点的目标，而是他懂得把最终的目标分解为很多个小目标。这些小目标可以是到达每个路段的某个电线杆，每过一根电线杆就达成一个小目标，每完成一个就全力以赴地朝着下一个小目标跑去，跑完一个又一个小目标后，自然而然就完成了马拉松比赛这个大目标。

学习成绩是班级管理的主要任务之一。就提升学习成绩而言，目标导向很有效果。一般来说，学生对自我目标的关注胜过对班级目标的关心。因此，班主任想办法把班级的目标变成每个学生的目标，从而让每个学生在实现自我目标的同时，顺势完成班级的整体目标。这样的目标氛围，会让集体有更强的向心力，同时，还能促进学生之间的互帮互助。

开学初，我就让每个学生根据自己的实际情况，首先确立自己学期的总目标和各学科目标，再把这些目标分成可落实到每月、每周、每天当中的小目标，并制定出相对应的、可具体操作的学习计划。这样，每个学生的大目标就分成一个个小目标。最终则通过踏实地完成一个个小目标，一步一个脚印，达到自己的大目标。

三、合理组合目标，把握人生方向

人生目标是大方向，是班级育人的主要关键点之一，也是人生规划的课题，可以称为“德育高地”。班主任如果把握好这个“德育高地”，肯定会给学生的成长产生深远的影响，具有举足轻重的意义。人生目标对于小学生来说，有点远，有点空。一个班级有四五十个学生，每个学生身心特点不一样，同一个学生在不同的阶段目标可能也不一样。如何才能引导小学生规划好自己的人生大目标？我们在引导学生做规划时，要明白目标会有不同的类型、层次等，有班级集体的目标和个人的目标；班级和个人又有长远的目标和短期的目标；每个学生有学期的目标，也有每周的目标或者每天的目标。学生需要想办法把各类各级目标整理组合好，才能真正地把握好自己成长的方向。

案例链接：

让学生开出理想之花，踏上成长之轮

下面介绍我做过的“我的理想之花，我的成长之轮”活动。这是一个能让孩子明确人生奋斗目标，并具体落实到每一天的可操作的成长图谱。

第一层次，确定人生大目标：这是最高的层次，这个目标需要一生去努力奋斗。我先引导孩子思考自己希望成为一个怎样的人，然后选用四个形容词来描述自己未来梦想中的样子。如：友爱、自信、勇敢、智慧，等等。

第二层次，职业理想：做老师，成为军人，或者是消防员、工程师、画家、作家，等等。将人生大目标转化为具体的职业，再进一步明确自己要学习的知识及技能。

第三层次，升学目标：考取什么中学、什么大学。这是升学阶段最终完成的奋斗目标，由前面的职业目标的需要来确定。

第四层次，学年或者学期目标：要定出具体的每个科目的等次和科目总等次。

这些内容都呈现在一张横向的A4纸里面，最上面是主题，名为“我的理想之花，我的成长之轮”。主题下平均分为两部分，左边的上面贴上自己的照片，照片下面四行分别写上四个层次的目标；右边是一个圆形“轮子”，里面填上自己针对前面目标每天都要做好的八件事，写成文字时需要具体量化。最下面写上给自己鼓励的话，也请家长写上对孩子鼓励的话。这张纸一式两份，一份过胶贴在教室课桌桌面，一份放在家里显眼的地方。当然，所有目标最终还是回归到日常学习和生活，每天按时上学，专心听课，认真做作业，遵守纪律，等等。无论多么宏大的目标，后面都是踏踏实实地做好每天要做的八件事。

早上回到教室，花三分钟，先把这八件事晨诵两遍，下午放学前

花三分钟反省，回忆今天这八件事有没有做到，需要怎么改进完善。孩子们每个学期都会根据实际的情况、学期的目标对八件事进行调整和修订。开展“我的理想之花，我的成长之轮”活动的目的就是让孩子们带着可行的目标不断地努力进步，最终成为更好的自己。

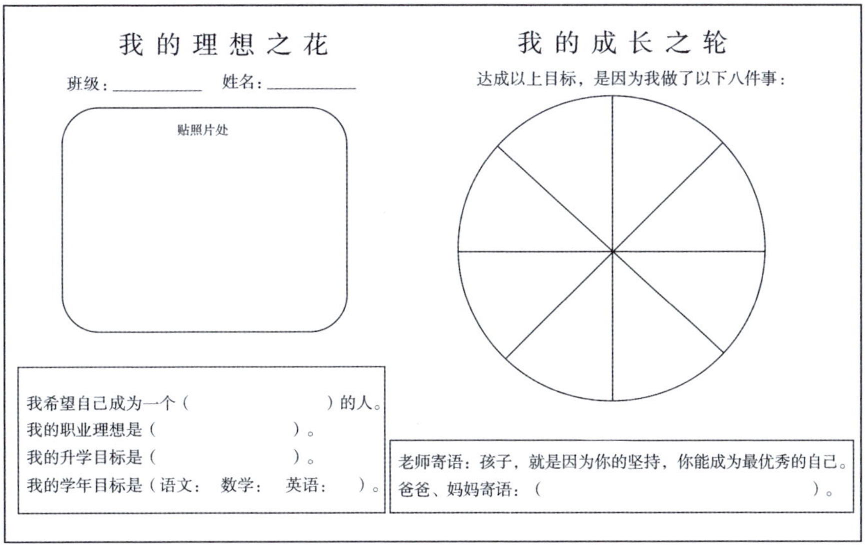

“理想之花，成长之轮”
（学生的“成长之轮”模板）

小文是一个绝顶聪明的孩子，各方面表现都十分优秀，各个科目的成绩都接近满分。他特别喜欢写字，字写得很漂亮。他想成为一个书法家，因此对应的八件事里面有一件事就是每天要认真练字半小时。但他有一个致命的弱点——容易骄傲，与同学交往不友好和不懂得尊重老师。先成人后成才，他的重点应是将提升修养作为努力修炼的目标。他修炼的人生大目标是尊重他人。他的八件事里面也写清楚了：“自己要对他人友好，在课堂上要认真听课，不要随意打断老师；对同学要友善，不显摆自己的好成绩，不去打击别人。”

小轩长得很强壮，微胖，他的志向是成为军人，报效祖国。因此他对自己的体能要求很高，在“轮子”里写了：“要坚持每天跑步半小时，锻炼好身体。”

冰冰要成为作家，对阅读这方面要求很高，在“轮子”里写上：“每天要有一小时以上的阅读，周末增加到三小时。除了完成作业，自己要坚持写小说。”

这些根据实际定下的人生目标和落实措施，无一不是在坚实自己人生理想的基石。

老班心语

有了目标，人生就有了方向，才会有更好的前进路径。目标真的很重要，定一个合适的目标，让自己动力不断，才有可能实现理想。像摘苹果，如果苹果太高，不管怎么跳，就算搬上梯子都够不着的时候，人就不会再努力；如果苹果太低，连手都不用伸就能碰到，摘下来也没意思。所以我们要引导好学生定出适合自己的目标。

02 成就动机效应
让对成功的期待，转化为成长的动力

成就动机效应心解读

成就动机是个体追求自认为重要的有价值的工作，并使之达到完美状态的动机，即一种以高标准要求自己力求取得活动成功为目标的动机。在学习上，如果学生具有这种动机因素，就会刻苦努力，战胜学习中的种种困难和障碍，取得优良成绩。

链接中国智慧说

西汉司马迁在《史记·陈涉世家》中提道：“生如蝼蚁当立鸿鹄之志！”意思是生命如蝼蚁般弱小，但应当具备像雄鹰一样搏击长空的雄心。清代曾国藩在《曾国藩家书》中写道：“志之所向，金石为开，谁能御之？”意思是能坚定志向，连金石都能为之开裂，还有谁能够阻挡呢？这些都是跟成就动机意思一致的中国励志名言，鼓励我们要有远大的志向，通过不断的努力、不断地挑战自己，攀登上顶峰，享受成功的喜悦。

一线带班心智慧

学生的是非观念并不明确，无法客观地评价自己，他们更多的是通过身边大人的评价和反馈来了解自己的价值。因而班主任就要在带班过程中善用成就动机，引导学生去发现自己的价值，明确自己的优势潜能，强化成就动机。

一、循序渐进，培养正确的成就动机

不同年龄段的学生，对于培养成就动机的要求是不同的：一、二年级的学生需要班主任更多引导，并且要给予他们一定的自主学习方法指导；三、四年级的学生，班主任要抓住学生的成长特点，帮助他们制订计划，督促他们去执行；五、六年级的学生经过前期的指导，能够自主地利用成就动机让自己更加优秀。在这个工作中，我们要注意以下几点：

1.发现并激发成就动机

我们要引导学生明确知识学习、体育锻炼、品德修养等方面所追求的目标。这些目标应该是他们经过努力可以达到的，不是高不可攀的；是明确具体的，不是模糊抽象的。例如，我会在学生开学一周后，就建立“成就阶梯”，结合当下学生的喜好，由低到高把等级分别划分为黑铁、青铜、白银、黄金、铂金、钻石，从学生的日常生活和学习进行考核，每周五统计个人积分，到下周周一班会课进行公布，积分到达分值点即可升级，积分最高者可获得奖励。因为老师的仪式感会影响学生的成就动机，所以这个环节要表现得隆重些。在这样良性竞争的环境中，学生会更快确定自己的成就动机。

2.创造机会让学生施展所长

经常参加竞赛活动的同学比一般学生的成就动机强，且学生的学习成绩与其成就动机呈正相关。我任教的四年级班上有个女生，平时特别文静，也比较内向害羞。一次学校举行研学活动现场作文比赛，为了让她有个展现自我的机会，我帮她报名了。但她很不自信，认为自己只有中等水平，担心不能给班级争光。我对她说：“老师特别看好你，你就是老师经过精挑细选后认为能拿奖的学生。好好表现，争取给班级和自己争光！”我说完后，看到了她暗沉的

眼睛中开始闪烁着光芒。那次现场作文比赛，她获得了年级一等奖，这可是我没想到的。是呀，老师的言行会影响学生的成就动机。因此学生在活动中遇到困难，认为自己达不到既定目标时，我们就要帮助他们树立信心，增强他们达到目标的信心和勇气。

3.帮助学生建立适当的成就动机

成功的满足感可以起到自我强化的作用，使学生追求更高的成就。但由于他们水平所限，不一定能树立恰当的目标；同时，这种满足也可能使他们停滞不前。所以，我们在赞扬他们已有成就的同时，要帮助他们树立进一步追求的目标，乃至终生的奋斗目标，让他们将成功的满足感转化为成长的动力，使其迈上更高的台阶。那个女生知道自己获得现场作文比赛一等奖后，十分开心，那段时间上课也积极主动了许多，人也变活泼了。不过自此后她却没再报名任何一场作文比赛，认为自己之前是侥幸所得。我立刻翻出了当时的作文评分成绩表，告诉她："不要低估你自己，那次作文比赛，你凭借自己真正的实力获得了总分第一名，第二名还和你相差好几分。相信自己，你是可以的！"女生被鼓励后，开始大胆尝试，后面参加的几次作文比赛，都获得一、二等奖的名次。随着习作水平的提高，她在语文学习方面也进步特别大，整个人充满了自信。

案例链接：

激发高成就动机，促使进步最大化

小君是五年级时转到我班的插班生，给我的第一印象是人很活泼，有些小机灵。某一天数学老师上完课对我说："我要对小君刮目相看啊，刚刚我在班里进行数学检测，就他，小君，半节课时间，正确率百分百啊！"我很惊讶，小君这孩子在学习上虽然不能说差，但也不是特别优秀，就是中等水平。几次的家访和跟他的单独聊天，了解到家长由于工作原因，对孩子的要求并不高，平时也没有提具体的学习目标，孩子本身对自己的认识定位在班级的中游水平。

于是我和数学老师商定：要培养小君的成就动机，让他到六年级时成绩有飞跃式的提高。课后我找来小君谈话，告诉他数学老师对他的欣赏，一份练习题，在比同学们少一半时间的基础上，还能有百分百的正确率，说明他数学基础特别扎实，可以在这一块多下苦功夫，将来一定会有大成就。小君很受鼓舞，说会好好加油。

在接下来的每次检测，我们语数英三位老师都会和小君先制定目标。例如，比上一个单元进步一个等级，如果没有达标，就会让小君自己去分析具体的失分原因，把错题积累，再返回去训练。到了五年级下学期，小君已经能保持在班级前列。他的进步，连家长都大吃一惊。但是，我们知道这不是小君的极限，他还能有更高的成就。

升入六年级，我们对班上的学生进行升初摸底，小君的目标是考入某所重点初中。进入这所重点初中，就意味着他必须考入年级前列。和他说清楚目标后，小君更加发奋学习了，课间总能看到他和志同道合的同学谈论课上还没弄清楚的问题。他还成立了周末学习小组，在休闲娱乐的同时不忘学习。

一年努力没有白费，小君在小升初考试中，取得了极为优异的成绩，当时与他一起学习的小组组员也考上了同一所重点初中。在领取重点初中录取通知书的那天晚上，小君的爸爸来到学校，向我们几位老师道谢："我是真的没有想到他能有今天这样的好成绩。1—4年级以来他的成绩一直很一般，所以我对他其实要求不高。感谢几位老师，一步一步把孩子引领到今天的位置，获得那么大的成就！"

二、激发积极的班级成就动机

学生个人的成就动机能够影响班级的学习风气。如果班级的氛围不是积极的、向上的，那么作为其班级的一员，就会变得得过且过，自然不会有向往成功的成就动机。相反，如果我们善用成就动机，就可以激发班级的集体力量，创建优秀的班集体。

前面我们针对班级学生个人进行成就动机的培养，接下来我们可以利用小组模式，将不同性格特点的同学分成6～8人小组，由小组组员结合本组组员的实际情况协商讨论组内目标，形成最终稿在班上公示。各小组之间相互督促，相互竞争，每个月月底由组长在班级总结汇报，进步的小组可以获得特殊奖励，而未完成相应目标的小组也会获得相应的惩罚。组员之间鼓励优生带动后进生，明确自己的目标，以点带面，促进班级学生共同进步。这样的成就动机大大刺激了学生的动力，而我班已连续三年被学校评选为“最美班级”。

三、家庭教养，培养孩子高水平的成就动机

成就动机的高低与童年所接受的家庭教育关系密切。我们可以通过家长会、家访、微信、电联等方式，协助和指导家长共同做好孩子的自律训练，并且提醒家长要营造和谐的家庭氛围，指导、劝告式的引导可以使孩子独立性更好地发展，让孩子对追求成功的热情更高；而过度管束和限制，会使儿童独立性发展较差，成人后往往缺乏创造性和竞争力，因为他们缺乏成就需要。这里提出具体做法：

1.有理有据，拒绝假大空

很多家长在表扬孩子的时候会说：“你真棒，你真厉害！”这样的赞扬就有些假大空了。当孩子做得对时，父母要专门拿出时间来表扬孩子，具体指出来哪个行为、哪个细节孩子做得好，让孩子明白父母是真心觉得他做得好。例如孩子今天在家帮忙做家务，把地板扫得干干净净，家长可以说：“刚刚妈妈留意宝贝扫的地板，扫得太干净了，妈妈都舍不得把脚踩上去呢！”这种细节的赞扬会让孩子更有成就感。

2.着重过程，别太在意结果

很多父母评价孩子，往往只是看孩子的成绩，而忽略孩子的学习过程。成绩好就高兴奖励，成绩差就责骂否定。结果只是过程的暂时呈现，过程才是常态。一个孩子学习过程中的努力程度往往要比成绩好坏更能反映出孩子的品

格，因此面对孩子的成绩，父母不妨换一种正向的思考。孩子在完成一件事的过程中所做出的努力更值得赞扬，肯定孩子的努力，才能真的进一步激发孩子的成就动机。

老班心语

没有父母和老师的支持，孩子可能需要花费更多的时间，才能够找到那个内在成就动机。早早就拥有了内在成就动机，朝着自己的目标去努力的孩子，是非常幸运的。我们在赞扬学生已有成就的同时，要帮助他们树立可以进一步去追求的目标，乃至终生奋斗的目标，让他们将对成功的期待转化为成长的动力，使其迈上更高的台阶。

03 群体去个性化效应
巧借团体之力，实现教育扶正

群体去个性化效应心解读

个人在群体压力和群体意识影响下，似乎感到自己被淹没在群体之中，并丧失了个人身份和责任感，从而产生一些个人单独活动时不会出现的行为。这在社会心理学上叫作群体去个性化。让学生有身份意识，例如让学生承担责任将班级的事情和学生的名字联系在一起，这样学生就无法隐匿在群体中了。

链接中国智慧说

俗话说：“人多胆子壮，恃众好逞强。”人在群体中处事会显得更大胆，在群体中也会更容易逞强。一个品德高尚的人无论处在何时，处在何地，他都是谨慎的，有所戒惧的。所以，不要趁人多作恶，就算在群体中也要坚守自己的做人原则。

一线带班心智慧

“群体去个性化”这一心理现象其实是一把双刃剑，关键在于我们如何利用。班主任在进行班级管理时，要善于利用“群体去个性化”效应，扬其长，避其短。

一、一人一岗，明确责任与担当

班主任在管理班级的过程中要尽可能减少“群体去个性化”的程度，首先要让每个学生都清楚在班级中需要遵循的规章制度，明白自己在学校中应该承担的责任与义务。

如果学生不清楚规章制度，不明白自己责任所在，班级里就有可能遇到这样的现象：当教室里没有安排值日生时，班级里没有人去搞卫生；当安排了某小组的学生进行值日时，没有给他们明确分工，任由他们自行安排，就会发现教室的卫生虽然有人打扫，但是效果不理想，还需要老师多次提醒；当教室里不仅安排了值日生，还把值日生的名字写在黑板上，并且把需要做什么写清楚，教室的卫生情况就会得到大大的改善，整体的环境十分整洁。因此，我们要让班上的学生明确自己在班中的任务，做到“一人一岗”。从擦黑板、扫地这些小事到班干部怎么管理班级都给学生规定好，明确好每个学生的责任，每位学生在他人的监督下才会完成这些任务。这样，每个人的角色不同，责任不同，分工不同，就能有效避免“个体不必为集体行为承担责任”的思想萌生。

二、擒“贼”先擒王

“群体去个性化”现象说明在群体中人们更容易失去自我意识、自我监控，更容易做出疯狂的事情。“群体去个性化”效应会使学生自认为处于学生整体之中，自己就算是造成不良后果也不容易被老师发现；就算被发现了，责任也是由集体共同承担。正是这种想法让学生要遵守纪律的意识淡漠了。

这部分学生由于当时依从所处群体的情绪状态，往往失去自我控制力，沉溺于冲动、不理性和不负责的行为当中，那时的他们就会变得跟往常不一样，敢做出平时自己不敢做的事情。很显然，如果我们对这些学生没有做到有效的教育和转化，将会损害班级利益，影响班集体的健康发展。

因此，我们平时要多跟这些“领袖人物”进行沟通交流，发挥他们的积极因素，影响和带动其他同学一起进步。这些“领袖人物”一般自身会有些缺点和错误，总是担心别人的冷遇，所以他们渴望在班级中做出一些“大事情”，希望能引起别人的注意。那么，想要转化这些学生，首先应该尊重他们，不能带有色眼光去看待他们，对待他们必须公平公正。在班级管理中，给他们公平的机遇和权利，扬长避短，大胆使用，让他们在班级中能获得成就感。

我班上的小鹏就是这样一个“领袖人物”。他每天课间总是带着班上的一些男生在走廊上随意奔跑，或者是跑到学校的竹林去玩，有时候甚至是带着个别同学去打架。班干部劝他也不听。我曾特意找他聊这个问题，当天有效，但没两天就打回原形。

我意识到问题的重要性，特意通过与小鹏玩得好的同学去了解小鹏，也与小鹏的父母沟通过，发现小鹏是一个很有责任心的人，只要吩咐他做事总是能做得很好，只是性子过于冲动，比较贪玩。我根据收集的信息，重新制定了对小鹏的教育方案。我把小鹏安排为班级的课间纪律委员，专门维持班级课间的纪律，如果当天的课间纪律情况良好，我就会当着全班同学的面表扬小鹏。我每周两次与小鹏进行沟通谈话，了解小鹏的想法和班级同学课间的表现情况，慢慢地改变了小鹏带着同学在课间奔跑、打闹的情况。

对受“群体去个性化”效应影响比较大的学生，他们的整个教育转化过程艰难而又漫长。我们应该从各方面了解清楚这个学生的情况，了解他们出现这些问题背后的原因，制定合适的教育方案，在教育的过程中要奖惩相结合。当其有进步的时候要进行鼓励，这样他们才会有动力去改正自己的不足。我们不可能一时半会就把学生教育好，教育者一定要有耐心和爱心，相信自己能把这些学生教育好，在这过程中可能会有反复，但要坚信自己能够做到。平时我们要着力提高学生的思想素质，以常态的、系统的、有针对性的教育形式对学生进行自我意识、自我管理和自我监督等方面的和善引导与耐心教育，不断增强和提高学生的是非观念和修养水平，强化组织纪律意识。

三、制造时机，让学生有机会知错能改

在某些班级管理中，我们可以积极利用“群体去个性化”现象。比如，当学生在班级中偷了东西的时候，我们可以为他创造匿名的情境，让他主动把东西交出来，避免班上的同学知道，给他改过自新的机会。每个学生都会犯错，我们要给予学生改正错误的机会，只有这样，学生才会在错误中不断成长。平时我们要多创造匿名情境或机会，使学生在没有压力的情况下充分表达自己的真知灼见，向老师敞开心扉，说出更多的知心话。对于性格比较内向的学生就可以让他们参加一些热闹的活动，比如学校举行的运动会、朗诵比赛等等，让他们在群体的大环境中大胆展示自己。

案例链接：

巧护自尊心

我班的孩子特别爱阅读书籍，因此我联系班级家委会购买了一批适合孩子们阅读的书籍。因为购买的书籍比较多，我没有把每一本书做好登记，只是在书的封面上写上了班别，但是购买了哪些书籍我还是心中有数的。

小杨是班级中爱阅读的学生之一。每天课间都能看见她坐在位置上看书，甚至放学排队坐校车，都可以看见她捧着书来读。

一天，班长跑到办公室跟我汇报，班上的图书角有几本书不见了。我到班上一看，发现确实如此。我当即在班上询问学生：“同学们，有谁借了图书角的书籍还没归还的吗？”学生都大声地说：“我已经把书还回去了。”此时，我看到小杨的眼神飘忽不定，双手摸着书包，当我看向她时，她就马上低下了头。此时我意识到图书角的书有可能是小杨拿的。

于是，我对班上的学生说：“都还回去了，那就好。孩子们，老师知道你们都很爱读书，但是图书角的书籍是班上所有同学的共同财产，

是大家一起共享的，希望你们看完书后及时归还哦！”我没有提班上缺少书籍的事情，只是提醒学生要及时归还。

第二天，我回到班上再看图书角的书，发现缺的几本书已经放回了图书角。一个星期后，我找到小杨谈话，表扬她爱阅读的习惯，并且跟她讲了一个关于诚实守信的故事。讲完故事后，小杨默默地流下了眼泪，她把偷拿图书角的书这件事情告诉了我，并保证以后不会再犯。

这一次我给小杨创造了一次机会，让她能自觉地把书放回图书角，我没有在班上指出是她偷拿书本，保护了她的自尊心。同时，我也让她做图书角的管理员，负责图书的借还书的管理和整理工作。从此，图书角的书再也没丢失过。

老班心语

班级里许多不良的行为，很多时候是群体性出现的。因为几乎每个学生都觉得既然别人可以这样做，那我这样做也是合理的。所以，为了避免班级有更多的不良行为，我们要注意培养学生的道德规范与行为准则的坚守力，让学生有意识地去克服非理性的群体去个性化行为。同时，也要注意防微杜渐，善于发现问题，及时解决问题。

04 反馈效应

强化进步点，成为成长助推器

反馈效应心解读

反馈原来是物理学中的一个概念，是指把放大器的输出电路中的一部分能量送回输入电路中，以增强或减弱输入讯号的效应。心理学借用这一概念，来说明学习者对自己学习结果的了解，而这种对结果的了解对学习者的学习又起到了强化作用，促使学习者更加努力学习，从而提高学习效率。这种心理现象叫作“反馈效应”。

链接中国智慧说

“自古天下事，及时难必成”出自欧阳修《送张洞推官赴永兴经略司》，意思是自古以来，天下的大事情，只要抓住时机，虽然很艰难，但最终一定能够取得成功。还有出自《旧五代史·晋书·安重荣传》的“机不可失，时不再来”，都在告诉我们时机难得，必须抓紧，不可错过，及时性很重要。

一线带班心智慧

班主任既要管人，更要育人。我们每天都要跟学生进行互动，就学生的表现进行反馈，所以掌握好反馈效应的原理非常重要。高质量的反馈才能真正实现师生顺畅沟通，促进带班工作的顺利进行。

当学生努力坚持做一件事情时，不管结果如何，我们都需要重视，并给予学生及时适当的反馈，让学生知道老师一直在关注自己的努力。被看见，被肯定，被认可，都可以强化学生对一件事的成就动机，有效促进学生把事情坚持做得更好。我们要通过反馈强化学生的进步点，让反馈成为学生成长的助推器。

一、及时具体反馈，教育管理有成效

及时性是进行反馈的首要原则。我们在带班过程中要做到及时发现、及时处理、及时反馈，就会大大优化班级管理效果。时程太长，反馈过时，往往会错过教育的良机，使得管理低效或无效，甚至导致学生行为失控或者班级管理失控。班主任日常工作十分繁忙，及时抓住时机对学生进行反馈很有必要，而要在忙碌的工作中做好及时反馈，是有一定技巧的。对个别学生进行及时的简短反馈，可以是眼神反馈，如注视着这个学生给予反馈性点头微笑；可以是动作反馈，如给学生竖起一个大拇指或者轻轻拍拍他的肩膀；也可以是语言反馈，如对学生说："有进步""做得不错""继续努力""加油"等。这些反馈形式虽然简短快捷，但对于学生来说却十分重要。学生会因老师这些及时反馈而颇受鼓舞，也会更亲近老师。

对于全班学生的及时反馈，班主任可以利用课前或者班会课的时间，描述自己近期看到的班级优缺点，并举出具体表现，以引起全体学生共鸣，引发学生的自豪感或反思。例如班级参加学校团体活动时取得好成绩或班级有同学遇到困难时大家伸出援手，老师要对全班同学的一些具体表现进行描述，一方面要肯定全班同学的努力付出，另一方面要表达班主任的欣慰之情。特别是班级获得学校团体奖励的时候，尽管在学校层面已经举行了颁奖仪式，但班主任

也要将奖状奖品拿回班级再正式、隆重地颁发一次，并拍一张“全家福”发到班级群，配上相应文字，强调这是全班共同付出努力的结果，重点表扬某些同学无私的付出。一次又一次的正反馈，不仅能促进班集体的荣誉感，还能进一步提升班级团结合作精神。

二、精准正向反馈，转化扶差显奇效

班主任对一些比较头疼的问题学生或者是学习后进生，不但要及时反馈，还要精准反馈，并持续正向反馈。有些学生已经是一种破罐子破摔的状态，自尊心已经弱化。这类型的孩子往往习惯不太好或者能力不够强，需要及时正向反馈，让他们懂得不放弃自己，要不断坚持才能获得真正的进步。反馈时，我们要尽量进行正向反馈，这样他们才知道要朝着一个正确的方向发展。

对于半途而废的学生，我们要有敏锐的洞察力。如果有的学生先努力了一阵子，但不久又放弃了，老师却没有及时发现，甚至对学生进行批评指责，那么他们会感觉没有希望，就更加不会努力了。有些班主任经常批评做不好的学生，使其失去了自信心，这样的教育是无效的。当学生进入破罐子破摔的状态时，无论是权威，还是野蛮暴力，当时可能制止了他，但是他在你背后依然会去做不好的事情。因为当他们知道自己努力也没有什么用的时候，就会用不良的行为引起老师的注意，成为班级“问题人物”。所以，我们要牢记，对学生一定要多做精准正向的反馈，多发现学生的闪光点、努力点，多关注孩子的付出过程，多进行具体化的描述，多当着全班的面公开表扬他们。

一般来说，后进生、问题学生很少有光环时刻，我们可以为他们制造一些这样的时刻，保护他们的自尊心，把破罐子及时修补好。如果有些学生在不断努力，但暂时还没有进步或者效果，班主任在私底下要教会或引导他们去做一些他们力所能及的事情，然后再当着全班的面大力表扬他们，为他们制造出高光时刻，让他们有成就感，使其积极努力的形象突显出来，重建积极人设。

案例链接：

及时正向反馈，点燃学习自信心

小颖同学在小学六年级下学期被分插到我的班。入读前我跟她妈妈沟通的时候，妈妈提到孩子在之前就读的学校成绩太差了，很多科目成绩只有二三十分，加之被医生诊断患有焦虑症，于是学校建议她调回镇里的小学就读，希望找一个落脚点过渡到读初中。对于这种情况的插班生，我十分担忧。

我发现小颖不但有焦虑症，而且很自卑，这时正面积极的反馈就显得格外重要了。不但要告诉她要做什么，怎么做才能做好，还要实施各方面的跟进帮扶措施。我通过创设良好的阅读氛围、集体友爱的班级风气、友好积极的同桌互助机制，让孩子感受友爱和温暖，渐渐融入班集体，慢慢地进步。当她能认真写字的时候，我在孩子的面前竖起大拇指说："写得真不错！"还特别当着全班同学的面进行表扬和认可："小颖同学的字写得很工整，一笔一画写得很用心，写得特别认真，全班同学一起给她鼓掌。"

她的语文基础很差，阅读和作文完全不会写。于是，我让她先从读简单的绘本开始，只要她主动读，我都会认可她的主动认真。在一次又一次的反馈中，她慢慢坚持阅读。一段时间后阅读能力得到提升。她的作文慢慢地能够动笔写，写作内容也真实。对她作文做出反馈的时候，我是这样说的："小颖同学在写和同学之间的友情时，列举的事例真实，真情流露。"私底下我就会告诉她怎么写才能把与朋友相处的细节写得更详细，使文章内容更丰富。她再写这篇习作的时候，就写得更具体了，得分越来越高。她在毕业考的时候，得了优秀等级，进步了几个等级。一次又一次及时具体的正向反馈是孩子进步的助推器，也是点燃孩子学习兴趣的火星子。

三、师生双向反馈，班级工作更顺利

一般来说，班主任因为忙碌，很少会有意识地去听学生对自己带班的反馈，甚至对学生的主动反馈也会置若罔闻。其实，学生是班主任最得力的助手，学生对于班级的管理工作是最有发言权的。因为班主任一个人能看到的、想到的、做到的毕竟是有限的。学生是最真实、最有效的反馈源。班主任若能够耐心听听学生的反馈，对班级管理工作是大有裨益的。

班主任在带班的时候，采用的措施有没有效果，应不应该组织某些活动，都可以通过听取学生的反馈来进行完善和做决定。从学生的角度可以知道该年龄段的需要，对活动或者对各项的管理才会有促进作用。听取反馈的方式可以是聊天的方式，可以是写不记名的纸条、写信的方式，也可以是调查问卷的方式，还可以是说悄悄话的方式……耐心倾听学生的心声，我们就能在当中得到一些良好意见和建议，从而不断地去修正班级管理的方式。

班主任也可以把自己的想法、做法的背后原因告诉学生，与学生一同商量、整合，选取最好的活动方案，这样，学生也会更积极地配合和行动起来。这样的双向反馈能促进班主任工作更加顺利。

老班心语

当班主任积极使用反馈效应的时候，学生就知道要努力的方向，知道怎样的行为会得到欣赏认可，就会有更多学生争取好的表现。班主任确实很忙，要给学生高质量的反馈，就需要进行自我训练，把一些简单有效的反馈技巧练熟练精。每天对学生的反馈，无论是整体反馈，还是个人反馈都要规定次数，如：每天对集体反馈最少要有一次，对个人的反馈最少要有三次。不断训练自己对学生的及时反馈，反思改进自己的反馈方式和内容，慢慢让自己从有意识过渡到无意识，这样我们的反馈才能真正做到既及时又有效。当能够做到在无意识的情况下就能捕捉到学生的闪光点、进步点、需求点，反馈就会越来越及时，越来越有效。这样使用及时反馈效应才能真正强化学生的进步点，成为学生成长的助推器。

05 马太效应
让优秀激发优秀

马太效应心解读

《新约·马太福音》中写道：“有的，还要多给，而且多多益善；没有的，不但不给，还要剥夺其所有。”这是马太效应的出处和名称由来。可以看出，马太效应既有积极作用，又有消极作用。美国科学史研究者罗伯特·莫顿归纳“马太效应”为：任何个体、群体或地区，一旦在某一个方面获得成功和进步，就会产生一种积累优势，就会有更多的机会取得更大的成功和进步。这是对马太效应的一种积极正面的理解。

链接中国智慧说

宋代诗人黄庭坚创作的六言诗《了了庵颂》里有这么一句：“又要涪翁作颂，且图锦上添花。”诗中“锦上添花”的意思是在锦上面再绣上花，比喻使美好的事物更加美好。我们的成语“如虎添翼”“如鱼得水”都跟罗伯特·莫顿理解的“马太效应”有异曲同工之妙。如果一个人在某方面表现非常优秀或进步很大，外界会给予肯定或褒奖，从而更愿意将机会交给他。这无形中强化了他的优势，让其在原有成就的基础上进一步完善。

一线带班心智慧

马太效应对班主任带班具有积极的启示：老师如果善于发现学生的优势，正面强化，多给学生机会展示表现，久而久之，学生就会变得更优秀，成为更好的自己。如果每位学生都有一技之长，都充满自信，那整个班级将会形成积极向上的班风学风。

一、发掘学生优势，帮助学生增强自信心

在一个班里，没有学生是一无是处的，也没有学生是完美的，他们各有千秋。但小学生自我意识还处于客观化时期，自我认识大多是从别人对自己的评价中形成，是“别人眼中的自己”，而不是真实、全面的自己，导致学生觉察不到自己的“实力”。作为班主任，要帮助学生寻找他们的闪光点，帮助他们增强自信心。

1.避免“晕轮”，“观闻问创”掘优势

在日常带班中，有些班主任没有全面或多角度看待学生，导致产生晕轮现象（见“晕轮效应”）。部分老师狭隘地认为成绩优秀的学生一切都优秀，成绩不理想的学生做什么都不行。特别是后者，导致很多后进生本身的优势被忽视，更别说一展所长了，这不利于学生正确认识自己、认可自己，这是班主任在带班中一定要避免的。其实学生没有好差之分，只是各有所长而已。我们应该平等看待学生，始终相信每个学生都有其优势，充当一个寻找者，东寻西觅，去发掘学生身上隐而未现的优点。以我教过的班来说，有些学生成绩不理想，但跑得快，跳得高，运动天赋很高；有些学生作文水平一般，但朗读声情并茂，非常投入；有些学生在学校表现一般，但会跳舞、弹琴、唱歌，一身才艺；有些学生阅读理解能力较弱，但写得一手好字……这样的例子不胜枚举。只要我们用心发掘，学生都是“宝藏男孩”“宝藏女孩”。

发掘学生优势，“观闻问创”来助力。观，班主任多置身于学生当中，“一眼观七”，细心洞察；闻，如果是高年级学生，可以借助班会课听听学生自述；问，向学生的父母、科任老师、同学、朋友打听；创，多组织班级活动，让学生有“用武之地”，得以展现自身优势。

2.多方表扬，增强学生自信心

学生一旦展现其优势，老师一定要敏锐地抓住机会，根据事实具体表扬，让他明确意识到自己的优势所在，形成更全面的自我认识，从而增强自信心。如果学生的优势展现地点在校内，我们可以面对面赞扬，然后在班上公开夸赞，并发到班级群赞扬。如果知道学生的优势展现地点在校外，那就跟学生父母提前沟通好，拍一些照片或小视频，方便老师私信肯定、放班上或班级微信群展示。身边肯定、赞扬的掌声，羡慕、崇拜的目光让学生的成功愉悦感倍增，学生对自己的优势更肯定，更认可自己，自信心也跟着增强。

二、引导肯定，激励学生大胆地展示

1.学生不自信，心灵导师来跟进

学校每年都会组织大大小小的校级活动，班级内也会有才艺展示、读书分享会等活动，这些都是为学生搭建的舞台。有些学生对自己的擅长之处心知肚明，但性格比较腼腆；或对自己的优势缺乏信心，从而不敢大胆地争取机会一展所长；或怕表现不好被嘲笑，也怕挫折与打击，更怕让老师、家长失望。对于这样的学生，我们要善于发现，并及时做好其心灵导师，一方面引导他们调整心态，以此作为一次锻炼的机会，强调过程比结果更重要，排除忧虑，克服恐惧；另一方面肯定他们，信任他们，激励他们勇敢地各展所能。

2.事实做依托，心理防线能冲破

比如，一位跑步很快的学生表示暂时不想参加运动会的跑步比赛。我们不要勉强，更不能急于求成，直接帮学生报名，这样会给学生带来压力，很有可能弄巧成拙，导致学生发挥失常。后续可能会让他以后更畏畏缩缩，不愿展现自己了。此时，我们要充分肯定学生的优势，让他觉得自己“能行”。但这种肯定不能只停留在口头上，我们可以带着学生回忆他之前的种种出类拔萃的表现和当时大家赞不绝口的反应，用过往的事实作为肯定的依托，这样的肯定更具说服力，也会让学生从心底里认可自己，对自己有信心。接着我们跟学生谈心，了解他心中的担忧，并表示愿意帮助他，让他感受到老师的关怀。同时我们告诉学生，我们很欣赏他的才能，对他充满信心，希望他不要有任何心理负担，就把比赛当作强化自己优势的一次锻炼，让学生卸下包袱，冲破心理防线，重拾信心，大胆地“往前冲”！

三、创造机会，让优秀的学生更优秀

即使是天才，也需要展示锻炼的机会来树立信心。任何一项技能都需要练习来巩固，优势也一样。只有不断锻炼强化，才会趋于稳定，最后变得强大，逐渐成为自己实打实的能力。因此，当我们发掘到学生的优势时，一定要创造机会培养他，让他们去锻炼展示。他们获得的认可、夸赞或成绩越来越多，就会变得更加自信，更主动地去表现，形成良性循环，从而获得更大的成功，变得更优秀。比如，在班级举行一些展示活动，可以是才艺展示，可以是学生认为自己表现出色的一些展示。如有一些学生在生活自理方面比其他同学要强，就可以举行一些相关的活动，如课桌整理我最行、我的书包最干净等；家校合作也能创造机会，如烹饪比赛、叠衣服能手比拼等。给学生创造机会，让他们发挥其长处，及时表扬，适度奖励，提升自信心，不断强化其优势，让他们“锦上添花”。

案例链接：

我们相信，你一定行

有一天，在跟音乐老师了解学生上音乐课的表现情况时，音乐老师提到我们班的小娴声音清脆、有穿透力、节奏感很强，是个唱歌的苗子。没想到，平时文静腼腆的小娴，居然是个歌唱“高手”。我想：“再过三周就要举行以班级为单位的红歌大合唱比赛了，何不让小娴领唱？让大家见识见识她的唱功，同时也让她加强练习，争取唱得更好。”

于是我找来小娴，转达音乐老师赞赏她的话。小娴顿时脸红了。接着，我微笑着对她说："再过三个星期就是大合唱比赛了，你唱歌那么好听，到时候做领唱好吗？"

小娴忙摆手："不行不行，老师，我不行的。"

我一脸疑问："能告诉我你的想法吗？为什么不想当领唱？"

小娴解释道："我不是不想，只是我怕自己一紧张就唱不好，到时候连累我们班。"

我明白小娴的顾虑，安慰她说："你有集体荣誉感，能为集体着想，老师很高兴。这样吧，如果你想当领唱的话，还有三周的时间，我让音乐老师每天利用做操的时间带着你练习。音乐课上让你尝试领唱，我和几位老师过去听，就当是模拟比赛现场，让你多熟悉那种氛围，帮助你减轻紧张感，好吗？"

小娴想了想，点点头说："好的，老师，我试试看吧。"

我扶着小娴的肩膀，鼓励小娴："小娴，你要知道，音乐老师对你赞赏有加，同学们如雷般的掌声，这些都证明你真的唱得很好，你唱歌是很有天分的。我和全班同学都相信你一定能出色领唱，我们都支持你！加油！"

小娴的眼神多了几分笃定："老师，我会好好唱的！"

小娴的每一次练习，除了在班上表扬，我还会拍下来放到班级群上赞扬一番，再"联手"小娴爸妈激励小娴。经过三周的练习，小娴的进步有目共睹，她的歌唱状态越来越松弛自然。比赛时，小娴一开口就吸引了评委，惊艳了全场，开了个好头。最后，我班获得年级第一名。

后来，小娴主动申请参加学校的合唱队，证明她对自己的歌唱实力充满自信。经过专业指导，她的歌唱技巧进一步得到提升，人也自信、活泼多了。后来，她代表学校参加镇上的唱歌比赛，获得不错的成绩，成为我们学校的小小"歌星"。

老班心语

有一些班主任对待双差生时，容易用消极面。因此，我们要注意消除马太效应的消极面，善用积极面，要相信每一位学生的优势潜能，细心关注，用心发掘，肯定认可学生的才能，帮助学生树立自信，引导激励其争取机会大胆展示，或者创造机会锻炼学生，强化其优势，营造人人皆可成才、人人尽展其才的良好班级环境，让每一个人都能获得人生出彩的机会，让本来就优秀的学生变得更优秀。

06 扇贝效应
奖励保鲜做周到，积极进取有保证

扇贝效应心解读

扇贝效应最早发现于美国心理学家斯金纳的“白鼠实验”。斯金纳每隔20秒就会对老鼠进行一次强化，他发现老鼠会根据强化的时间进行反应，形成高峰、低峰。这种效率趋势呈现出扇贝形曲线的变化趋势，叫作扇贝效应。扇贝效应启示我们，固定时间的奖励不能维持期望的行为，作为教育工作者，要注意以新颖的奖励方式激起学生获得奖励的渴望，从而保持积极持久的态度。具体的对策是变化奖励的方式、类型、时间，从而形成间隔奖励，使获奖者对奖励保持新鲜感，从而实现持久的鼓励效果，促进获奖者持续地积极向上奋斗。

链接中国智慧说

秦汉时期的思想家、军事家黄石公在《素书》中对赏罚制度颇为看重，“行赏吝色者沮”，是说论功行赏时吝啬小气，形于颜色，必定使人感到沮丧。“小功不赏，则大功不立”，意思是小的功劳如果不予以奖赏，那么就没有人愿意立大功了。“薄施厚望者不报”，意思是给予别人很少，却希望得到厚报的，一定会大失所望。这些话都生动阐明了赏罚制度的重要性。

一线带班心智慧

很多老师喜欢用“奖励”的方式调动学生做事的积极性，同时也能帮助学生养成更多的好习惯。但是一成不变的奖励机制，会导致学生失去做事的主动性或者没有奖励就不做事，这显然与老师的初衷相违背，甚至还会引发各种问题。

扇贝效应给了我们启发，在给学生奖励时，我们可以不断变化奖励的时间、方式、奖励物等，给学生不同程度的奖励。对于学生而言，老师的奖励机制能让其行为积极性瞬间达到峰值，但是在经过长时间的有规律的奖励后，如果突然撤销这个奖励机制，可能会导致学生剧烈的抗议并停止该良好行为。其实，多变的奖赏对于学生特别是小学生努力的激励至关重要。班主任在带班过程中，也要注重对学生好的行为的激励与奖赏，这样才能促进学生好行为的发生与优秀习惯的养成。

一、变化间隔时间，保鲜做事热情

我们可以打破固定的奖励间隔时间，即通过不确定、无规律的奖励时间来提高学生做事的积极性。在学校里，一些固定的流程往往容易使学生产生扇贝效应。比如每到考试前，很多学生就会采取“临时抱佛脚”的策略，拼命填塞知识，死记硬背，其实这种填鸭式的学习非常不利于他们对知识的掌握。这时，我们就要想办法打破这种有害的扇贝效应，时不时进行突击检查，让学生摸不到规律，让他们措手不及。次数多了，学生们也就能逐渐领悟到以不变应万变的策略——只有时时准备周全，就不惧突击检查。

在经过之前的一段固定时间的奖励后，突然有一天，老师告诉学生：“为了让你养成好习惯，我会在这段时间里对你进行观察，要是做得好，就会给你奖励，但不是每次都有。”那么孩子一定会时刻保持良好的习惯，因为他知道说不定哪天就会得到奖励，就不会因为你没有按时给他奖励而罢工了。再过一段时间，他就能在没有奖励的情况下，持续地保持好习惯了。总之，合理变化间隔时间，让孩子们每天都生活在惊喜中，保鲜做事热情。

二、延迟“奖励”强化，发挥最大效用

在经历了一段时间的固定奖励间隔时间和变化奖励间隔时间之后，我们还可以慢慢地将间隔时间拉长，延迟奖励强化，从而彻底打乱奖励的强化规律，让“奖励”发挥更大的效用。如低年段的孩子常常有写作业拖拉的问题，我们可以引导学生自己规定一个写作业的时长，如定好10分钟内完成5个生字的书写。如果他能在10分钟内完成，那么他就可以得到他喜欢的印章。慢慢地，我们再适时延长间隔的时间，如规定在一小时内完成全部作业，这样孩子逐渐适应强化的延迟，最终达到没有强化物也能固化孩子行为的目标。

如果学生做事热情一下子冷却下来，往往是由于老师没有事先告知延迟奖励制度。学生一开始的积极表现，正是扇贝效应的强化表现，而他之所以失去了继续表现的愿望，则是因为他专心等待强化，而老师却在未公开告知的情况下突然停止了强化，让学生彻底没了盼头。这就是老师不当使用“延迟强化”的反例。其实，当我们意识到学生的学习习惯或者行为习惯的养成已经达到了一定程度时，老师就要公开说明：为了让大家更好地形成习惯，自己将适当延长奖励间隔时间。这样慢慢地延迟强化，直到最后撤销强化，学生还能保持良好行为，这就是“奖励”的最大效用！

三、变化奖励强化物，常保持新鲜感

学生都很机灵，面对老师提供的奖励，他们有时会讨价还价。当自己的诉求得到满足时，他们就会不断提高对奖励的要求，不再满足于简单的小礼物，甚至以此作为要挟，不再好好地完成某些学习或行为。面对这些，老师常常感到无奈，却也只能埋怨：“现在的学生真不听话，不好管！”可是，哪个学生喜欢重复的东西呢？如果长时间地使用同一种强化物，不仅不能起到促进作用，反而会让学生失去新鲜感，感到厌烦，进而失去强化的意义。因此，我们也要重视学生的合理诉求，在实施间隔强化的过程中，也要注意强化物的多样性，避免学生因为腻烦强化物，而故意做出让人失望的行为。

在学生能够逐渐养成习惯时，老师可以淡化物质奖励，着重精神奖励，

如一段自由阅读的时间、任意选择座位、击掌庆贺、口头赞扬与鼓励，都是让学生得到满足的强化物。这样不仅能保持强化的新鲜度，也能真正从根源上鼓励孩子养成良好的习惯。

案例链接：

奖励有诀窍，养成好习惯

读小学二年级的文文总是不经过老师的允许就回答问题或接话，这严重扰乱了课堂秩序。我也经常收到各科任老师及学生对文文的投诉。当我在班会课上公布研学的通知时，文文又未经允许就一直在试图与同桌说自己对研学的看法。为了保护文文的自尊心以及让课堂恢复秩序，我主动停下来询问文文对研学的想法。文文站起来后条理清晰地说了她的想法。我表扬了她，但同时也提醒她下次要先举手再回答问题。

下课后，我又找来文文，跟她说："老师发现你口头表达能力很强，常常能说出很特别的答案，让老师和同学都很受启发。如果以后上课时，你能先举手，经过老师的允许后再回答问题，我就奖励你一朵小红花。"文文很高兴，表示自己一定可以做到。接下来的一个星期，文文果然进步了不少，举手后再回答问题的次数迅速增加。

看到文文的表现，我喜在心里，继续鼓励她："你做得非常好，为了帮助你养成举手后再回答问题的良好学习习惯，老师接下来会在一段时间内对你的行为进行观察。如果你还能做得跟之前一样好，我就奖励你一个你更喜欢的奖品，但这次不是每次都有奖励了，我会不定期观察哦。"文文同样高兴地答应了。

随着文文的进步，我对文文的奖励间隔时间越来越长，而且逐渐从小红花、小礼物的奖励过渡为精神上的奖励，如口头表扬、拥抱鼓励、让文文用老师的微信语音向父母分享自己的成就等等。慢慢地，文文养成了举手后再回答问题的好习惯。

老班心语

在帮助学生养成良好行为习惯的过程中，贵在把握分寸和尺度。扇贝效应虽然是著名的奖惩法则，但在实际使用过程中，我们也要讲究方法与技巧，多考虑学生的心理发展状态和承受能力，这样才能让学生从中受益。如在一个行为习惯养成的初始阶段，可以用连续的、固定的强化激励孩子，这样能够促使学生尽快地完成任务而得到奖励，又能合理避免扇贝效应所带来的弊端。如当学生的某个行为习惯养成达到了一定程度时，我们就要适当变化奖励强化的时间、方式和内容等，直到最后撤销强化为止，发挥出“奖励”的最大效用。

07 晕轮效应

扬长避短，让优秀弥漫班集体

晕轮效应心解读

晕轮效应是指当认知者对一个人的某种特征形成好的或坏的印象后，他还倾向于据此推论该人其他方面的特征，以偏概全。如果一个人被认为是“好”的，他就会被“好”的光圈笼罩着，并被赋予一切好的品质，相反亦如此。这种强烈知觉的品质或特点，就像月亮形式的光环一样，向周围弥漫、扩散，从而掩盖了其他品质或特点，所以“晕轮效应”又称为“光环效应”。

链接中国智慧说

明代西湖渔隐主人《欢喜冤家》第五回：“他眼也不转看着元娘，越看越有趣，正是情人眼里出西施。”“情人眼里出西施”的意思是由于有感情，觉得对方无一处不美。俗语说：“一好百好，一坏百坏。”这些中国传统的智慧都说明了以偏概全的晕轮效应特点。

一线带班心智慧

班主任在带班的过程中，充分运用“晕轮效应”的积极作用，往往可以收到良好反馈。在与学生共同成长进步的过程中，多发现他们身上的闪光点，多方面构建积极向上的“人设”，即扬长避短，让优秀弥漫班集体。

一、优秀班级齐创造

优秀班级的打造，往往需要从一个积极的锚点进行切入，当我们及时发现并利用好它，便可以将它转换成“晕轮效应”的光环，并不断向外延扩散，辐射整个班级。

1.让“优点”常现

一个班的班风学风与学生对该班认可度有密切的关系。若学生对本班的印象是这样的：“我们班经常被批评的”“我们班好多同学上课不听的”“我们班好多同学不做作业的”“我们班没有老师喜欢的”，那整个班级的学习积极程度会呈断崖式下降，因为对班级优秀印象的缺失，会对学生本身学习态度产生消极作用。相反，学生对本班是持认同、喜欢的态度，那班级氛围将会是积极向上的。

举个例子，接手一个新班，我们可多观察和指出学生的优点，并尝试将其常态化。其中一个方式是在日常开展“我们是优秀的班级”碎片化赞美活动。我们先准备一个箱子，并将写有班上学生名字的小纸条放入箱中，利用课前五分钟让学生从箱子里随机抽取一张纸条并说一说该名同学的优点。考虑到学生可能对抽到的同学优点与长处了解不多，我们可伺机给予提示。我们还可以设计“说说优秀”系列活动——说说我的优秀同学、说说优秀的我、说说优秀的老师等。我们还可以鼓励学生多挖掘班级优秀的方面，并在黑板上布置一棵“优秀智慧树”，让学生将自己发现的班级优秀的方面写下来成为这棵大树的枝干，待智慧树枝繁叶茂之时，就是班级优秀形象建立之期。

2.我知我班行

除了每天呈现各种优秀点提升班级形象，让学生认可本班是个优秀班集体外，在带班的一些重要板块上也能运用此效应，比如学生值日。为什么班上的值日总是做不好？很多时候是因为学生缺少“我们是优秀的值日生”的光环晕染，即我们能做好自己的工作、我们的地板最干净、我们的桌子最整齐。老师开学后细化每个学生的值日责任，如小明每周一扫第一列第二列的地板、小强每周一拖第一第二列的地板等，每个学生的值日责任落实到位后，班主任还要善于在值日现场发现值日优秀小组的特点，并将其放大，到了第二天再次将这个光环放大。于是，值日认真、班级干净整洁等特点会逐渐扩散、蔓延。老师借此机会鼓励值日表现不理想的学生向优秀的学生学习，并给予他们信心，相信他们一定也能做好。一周之后，及时在班里总结优秀，表扬进步，给予正面反馈，并在家长群表扬相关学生。以上这些行为都会促进学生在下周的值日中更上心。与此同时，他们会因为这个光环的泛化而逐渐肯定本班的优秀氛围，即我们班值日都很优秀，我也能做好。

在拔河比赛中，我们也可以营造“我知我班一定行”的氛围。拔河比赛开始前两周，征集本班拔河比赛班级旗帜的图案，从中挖掘学生的优点，如“颜色搭配出色”“图案中心明确，有自己的想法”等，以此呼应“我知我优秀”。与此同时，学生在参与创作图案的过程中，逐步增强对拔河比赛必胜的信心。此外，我们除了给予精神鼓励与知识传递，也要给予学生实操机会，即尝试联合其他班级进行赛前训练。若学生在赛前练习中赢了，伺机增强学生对拔河比赛的信心，给予正面强化，稳固“我知我班一定行”的根基；若学生在赛前练习中输了，则挑出学生表现好的细节进行鼓励，例如“小明握绳方法值得我们学习”“小强在最后一刻都没有放弃”“啦啦队通过整齐地口号增强了拔河队伍的气势”等，同时，不断加强训练，增强实力，将“我知我班一定行”的意识进一步渗透到学生的心里。

二、善寻家长的优秀

班上总有些事务需要与家长沟通，例如接龙排查、签名确认等，但是许多时候，我们总是难以等到某些家长的一声回复。为什么会这样呢？其一，家长与我们的合作行为并没有得到及时反馈；其二，班级群中某些家长的积极确认行为没有形成一个光环中心点。这时候，我们也可以运用晕轮效应改变现状。家长也都需要被鼓励，被发现优点。首先，家长难免对班级群繁杂的事务感到困扰，我们应理解家长的心态，并做正面回应，感谢家长与学校的合作。其次，当部分往常回复迟的家长积极主动时，我们也应及时给予正面反馈。如当发现某位家长在一次接龙排查中比之前几次提早了一天的时间，我们即可在接龙工作完成后在班级群中特别鼓励这个家长的行为，肯定这位家长为班主任工作提高了效率。在面对面交谈、班群中都需要表明家长对工作的肯定，强调家长对信息回复的重视以及迅速。这时第一个优秀“光环”已经被构建，但我们还需要更多光环形成至亮的光环中心点，这样的中心点才可以不断往外扩散。除了从及时反馈中构建光环，我们还可以从与家长有千丝万缕关系的班级事务中着手，例如可以多关注其他活动中某些家长的积极表现点。善寻优秀点，每个家长都会很可爱。

三、避免晕轮负面影响

古人说“不以一眚掩大德”，即不能因为一个人犯了个别错误而抹杀他的重大功绩。在班级中每个学生都是独一无二的，他们的性格也各不相同。而在一个优秀的班级里，需要学生间懂得相互欣赏、相互肯定，我们不可因一个小错误而全盘抹杀学生的优点，我们在管理班级时应善于发现学生优点，并激发他们展现。苏霍姆林斯基曾说：“在每个孩子心中最隐秘的一角，都有一个独特的琴弦，拨动它就会发出特有的旋律，要使孩子的心同我们讲的话发出共鸣，我们自身就需要同孩子的心弦对准音调。”避免“晕轮效应”负面影响，发挥其积极作用，也就是我们对准“音调”的良方。

案例链接：

取长补短

三（7）班的小岚三年级第一个学期曾在班级里不问自取。小岚的学业水平偏中下，经常因为不交作业、上课搞小动作被科任老师批评教育。所以班上的同学，特别是她所在小组的同学都厌恶她，逐渐疏远她，并对和她一起玩的同学嗤之以鼻。到了三年级第二学期，每当课室少了什么东西，班上的同学都会认为是小岚偷的。因此，我经常接到来自班上同学对小岚的“投诉”。

有一次，班上的小燕刚买的有着粉色外壳的黑色水笔不见了，小岚下课时恰巧曾在小燕位置附近溜达，并碰了她的笔盒。见状，小钰立刻就对小燕说看到小岚的笔盒里有一支她丢失的笔。小燕听小钰这么说，就趁小岚不在随意翻查她的笔盒与书包，结果确实在小岚书包里找到了一支有毛球装饰的粉色外壳黑色水笔。但委屈的小岚大哭：“你的笔不是我偷的，这是我奶奶买给我的！”当天下午，小燕在自己乱糟糟的抽屉里找到了那支属于她的笔。

可见，小岚的形象陷入了“晕轮效应”的负面影响，即“循环印证”。同学们对待小岚时行为的偏差，反过来又加强了同学们对小岚形象的偏见程度，也就是“厌恶和尚，恨及袈裟”。

我通过家访发现小岚在画画方面非常有天赋，而她上课不专注也正是因为花了较多时间在画画上。在近期黑板报设计布局之前，我特地展示了小岚同学的画作，并向同学们提问：“大家知道这是班上哪个同学画的吗？”同学们得知是小岚同学的作品后，都不禁向小岚同学投去惊讶与崇拜的目光。紧接着，我请小岚同学到台上向同学们阐述自己画作色彩的搭配与创作心得，小岚同学的发言赢得了台下同学的掌声。同学们的掌声衍生出小岚身上的优秀光点，我尝试借这个光点帮助小岚打开其他学生的心扉，让他们重新欣赏小岚。因此，我顺势邀请小岚成为班级黑板报设计员中的一员，学生均没有反对的声音。无可置疑，在小岚与同学们的互动以及他们之间的双向反馈中，小岚的形象逐渐正面起来了。以此为基点，小岚的优秀光点不断向外弥漫。

老班心语

我们在带班的过程中，一定要懂得挖掘学生各方面的优点，用正面语言引导，提高学生对班集体与小伙伴积极形象的认知水平，做到扬长避短，让优秀的积极的能量在班级里弥漫。我们也要心中有数，知道这不是一次或者两次就可以实现的，需要反复坚持、找准策略才能真正发挥“晕轮效应”的积极作用。

08 曝光效应

适时多出现，才有影响力

曝光效应心解读

曝光效应又称多看效应、暴露效应、接触效应等，它是一种常见的心理现象，指的是我们会偏好自己熟悉的事物，某样事物出现的次数越多，人对其产生的好感度也越高。社会心理学也把这种效应称作熟悉定律。一个刚开始没什么感觉的人或事物，看久了会越来越顺眼。

链接中国智慧说

唐代韩愈在《清河郡公房公墓碣铭》中有这样的句子："目濡耳染，不学以能。"意思是经常听到看到，就会不知不觉地受到影响。之所以耳濡目染，是有个过程的：从不熟悉到熟悉，拉近距离，从而喜欢，愿意亲近，受其影响。像"温故而知新""耳濡目染"也都强调经常、反复出现，熟悉了，才有影响力。

一线带班心智慧

合理运用曝光效应，对于班主任带班工作而言，是具有极大的助燃功能的，它能点燃学生对老师的热情，亦能重燃学生对知识的渴求，也能燃放学生心中向上向美的追求。

一、“师”光多闪现，拉近距离

如何让学生和家长更喜欢、信任老师？曝光效应启发我们，在带班过程当中，可以增加师生沟通、家校沟通的频次，让师生之间更和谐，家校之间更熟悉，从而优化我们的班级管理。

1.让互动和谐师生关系

和谐的师生关系，有助于日常班级管理。每个老师，都应该重视接班时留给学生的第一印象。第一次曝光发言要用心引起学生对学科的学习兴趣或者对老师的兴趣，形成老师自我的个性形象。平时不经意地曝光自己的优点和才能，会让学生产生崇拜心理，更愿意亲近老师。

课堂上，老师传道授业解惑，多以严肃的姿态出现。下课时间，老师若能放慢离开的脚步，和学生多聊天、多互动，学生也会由于老师的这个小举动而更加爱戴老师，进而爱屋及乌，爱上老师所教的科目。例如，下课时，老师可以跟同学们聊聊最近的新鲜事；可以和同学们交流最近学习的收获和困惑、讨论课上某一个知识点；可以与同学们来一场跳绳比赛、踢毽子比赛等。老师开放式的思想、陪伴式的教育，舍得曝光自己，都会让学生对老师产生不同于课堂的独特体验，收获愉悦的心情，从而使师生关系更和谐。

2.让共育融洽家校关系

多次曝光可以增强熟悉感，可以拉近人与人的距离，那么，班主任就应多花心思，构建更为融洽的家校关系。平时，班主任的沟通途径用得最多的可能是班级微信群、班级Q群，其次是每学期的家访、家长会，还有平时个别的电话沟通。

要取得家长的信任，除了上面提到的方式，还得创造机会增加曝光频率。这里的曝光，是人与人的联系、是人与事的对接。家长最关注的就是孩子在校的表现和学习情况。日常带班过程中，班主任可以将每天的班级动态、学生的优秀事迹、进步表现发在群里。遇上一些特殊节日，如母亲节、父亲节，把事先和学生一起拍好的祝福小视频发到群里，这很容易触动家长的心灵，让家长更放心地将孩子交给学校。发现有学生不舒服，要及时处理，跟进问候，传递关爱之心，这些暖心的行为最容易让家长感动。只要重复性地建立有意义的关联和路径，大部分家长都能从师言师语中感受到“在乎”和“关爱”，从而和老师站在统一的战线，以孩子的健康成长和发展为目标，明确自己的家庭教育责任，共同架起家校教育的桥梁。

二、“光”点多闪动，优化教学

1.教学运用

曝光效应同时也适用于我们的学科教学中。有时候学生因为不熟悉某一知识点，就觉得它有难度。老师要善于发现学生没突破的难点，把知识点融入适用的情境，多次出现。这样刻意训练，就可以让学生由不熟悉变为熟悉，从而增强学生的自信心，帮助学生跨过知识点的鸿沟。比如在语文课上，一个易错生字以“字”“词”“句”的形式多次出现，比单次讲解效果要好。对于同一个知识难点的反复突破，我们可以换着不同的方式去刺激，让学生在新鲜多变的学习方式中突破重难点。

2.复习运用

到了复习阶段，学生最烦整节课的读、背、记。用碎片化、多次复习的方式取代长时间的集中复习，学生更乐意接受。以学生背记古诗和“日积月累”为例，平时利用好时间进行碎片化的复习，每天课前5分钟、利用课件呈现去背记，从而实现知识点的多次曝光和周期复习，这比到了要考试时再进行复习的效果要好。为什么会这样呢？这是因为当我们学习新事物时，神经元就会相应地产生新的关联。这些关联会随着实践和努力变得更加强大。关联越多，大脑的神经越稠密。这些神经关联或路径每用一次都会变得强大，也就是知识每曝光一次，神经关联就会被强化一次。有研究者发现，同一个知识点，在重复的过程中，学习者会转移自己的关注点，每重新熟悉一次就会注意到一些不同之处，产生更多的知识联想。与机械学习不同，因为“熟悉”建立起来的再次“熟悉”，即有意义的重复，会使学习效果得以加强并产生更多联想与迁移。

同样的，这些曝光知识点的复习方式也可以灵活多变，如从记忆性背诵古诗变为把古诗讲成小故事、和同学一起比拼造句、情境运用等方式。这样，既有利于发挥学生的主动性，也能让整个学习过程充满乐趣。

三、“星”光多闪耀，树立榜样

对人际交往吸引力的研究发现，我们见到某个人的次数越多，就越觉得此人招人喜爱、令人愉快。班主任可以巧以施用，树立班级光辉星榜样。

1.主动曝光——展示自我风采

班上各方面表现优秀的孩子，往往是自信大方的，他们渴望被看到、被关注、被赞美、被接纳。班主任可以利用他们的心理和优势，提供机会给他们展示自己，鼓励他们主动曝光，从而赢得同学的掌声和认可。这种光辉，不仅对于展示的人是种极大的鼓励，对于周围的同学，更是一种极大的激励。

案例链接：

“欣”曝光，“欣”管理

小欣在别的老师眼中和口中是非常自律、能干的班长，但在有些同学口中却不太平易近人，有自己的小朋友圈。

一次班会课上，小欣在总结上周表现时，批评了小许在英语课堂上破坏课堂纪律的表现。被指名道姓的小许面子挂不住，生气了，面红耳赤地站起来叫嚣，两个人就呛上了。为防止事件发酵，我先暂时搁置了对这一问题的处理。

我想，这是个偶然事件，也是个很好的教育契机。基于我自己对小欣的观察，发现她管理能力强，对自己的要求很高，对别人的要求也高。如果她能适度多“曝光”，融洽同学关系，这将是一个不可多得的“李广”式人才。思前想后，我制订了“‘欣’曝光，‘欣’管理”计划：

第一步：树意识，立其威。端正意识才能有正气。于是，我私下找小欣谈话，帮助小欣树立为班服务、为同学服务的意识。同时在方方面面表扬她，帮助她树立威信。

第二步：练管法，成其就。针对小欣之前管班中一些引发争议的做法，提供处理问题的好方法，模拟情境训练强化，使她逐渐掌握方法，内化为自己的管班之道，外化为自己的管班言行。

第三步：多曝光，得人心。我让小欣多曝光，增加和同学接触的机会，目的是为后续管理做铺垫。我是这样和小欣说的：“小欣，平时课间你要多和同学们玩，多接触每一个同学，让身边同学知道你和他们都能玩到一起，很在意和他们的友谊，很关心身边的每一个小伙伴。老师相信，你付出的每一份爱都会有回应，同学也会因为你的爱和关怀喜欢你，进而理解你的管班方式，知道你是为了集体，这样就更容易接受你的管理。”小欣也反思了自己的问题，觉得确实需要改善自己和同学之间的关系。于是，课前课后，她主动帮助同学，热心提醒同学，及时关心同学。

有时候，敬佩往往从“一鸣惊人”的曝光开始。因此我还鼓励她随时做好准备，亮出自己的精彩。她本来就是个很自信大方的小姑娘，于是就有了她后来自制课件讲解《垃圾分类》的主题班会，有了“六一”表演、惊鸿自信的拉丁舞表演等。

适度、有意的曝光，让她一步步走进了同学的心中，管理工作越做越顺。现在连校长都知道，小欣是班上一“勇将”，能文（学习好）能武（体育强），有勇（敢担当）有谋（有想法）。而小欣，也实实在在地收获了个人的成长。

2.被动曝光——召唤向美动力

班上还有一些自信心不足的孩子，他们同样需要舞台，需要支持和鼓励。对于这部分孩子，班主任就可以采取“被动曝光”的方法，“诱”导他们亮出其光辉时刻。比如通过和家长沟通的方式，拿到孩子在家某一方面表现好的照片或视频，在全班同学面前进行展示，从而扩大他的优点知晓面。这样在这个孩子心里，也会产生一种自豪感，从而召唤起他内心向上向美的动力。

老班心语

曝光效应是增加见面次数获得熟悉感和好感，但在使用曝光效应进行班级管理和学习管理的时候，我们也要注意两点：第一，学习者的态度必须是中性或积极的，曝光效应才能发挥作用，所以要注意激发学习者的积极性和主动性；第二，曝光次数不宜过多，适可而止，如果没有节制地曝光，可能会适得其反。我们要适度使用它，使其效果最大化。

09 仰八脚效应

适当示弱，以退为进

仰八脚效应心解读

生活中，人们更倾向于喜欢精明又有小缺点的人，心理学上称此现象为仰八脚效应，又称“出丑效应”。所谓“仰八脚”，比喻一个人不小心摔了个四脚朝天。精明的人有时犯点小错误，不但不会遮盖他的优点，反而会让人觉得他也和常人一样会犯错，并不是高高在上的，更接地气，更具亲和力。

链接中国智慧说

“水至清则无鱼，人至察则无徒”这句俗话，源于《大戴礼记·子张问入官》，意思是水太清了，鱼就无法生存，要求别人太严了，就没有伙伴。“金无足赤，人无完人”“甘瓜苦蒂，物无完美”也强调了天下事物并无完美，表示对人或物不可要求太高。这正是我国传统智慧对“仰八脚效应”的高度概括。

一线带班心智慧

班主任单靠自己的力量带班很辛苦，效果不一定好。如果能与学生、科任老师、家长等相互合作，带班将会更轻松。所以，我们有时候可以不经意犯点小错误，或适当示弱，获得学生、科任老师、家长的喜欢和帮助，让带班轻松高效。同时，也可以成就我们的学生和家长。

一、适当示弱，让学生成为更好的自己

班级里每个孩子无论是在先天条件上，还是在后天成长中，必然存在着差异，导致学生在性格、能力、爱好等方面有所不同。我们若能用好仰八脚效应，适当示弱，为学生创造展现自我的机会，就有可能帮助学生成就更好的自己。

1.适当示弱，变缺点为优点

现在的学生大多是被宠着长大的，做事总由着性子，坏习惯自然不少。如果我们总高高在上，过于强势地一味批评，要求他们改正，被宠惯了的学生又怎么会听得进去？说不准还会变本加厉。我们通过适当的示弱，可以把学生的注意力转移到积极向上的行为上，帮助他们甩掉坏习惯。

案例链接：

老师不太懂，你来帮帮忙

我班上有个学生叫小超，他脑瓜子非常聪明，却是一名后进生。他常常不做作业，上课打瞌睡。家长反映孩子沉迷网络，每天放学把书包一扔就要玩手机，每晚都玩到深夜才睡觉。父母把手机设置了密码，他竟用透明胶粘贴在手机上获取屏幕上的指纹，找出常用的按键，破解了密码！父母拿他没办法。

好一个聪明的家伙！我得想想办法好好引导他。由于“新冠”疫情不能聚集，周一的升旗仪式通过钉钉直播进行。不料，刚打开一体机，

画面竟反了，我假装很慌乱。“老师，按右上角的按钮！”小超大声提示。“老师不太懂，你来帮帮忙。”我“求助”道。他走上来，三下五除二便搞好了。大家都对他刮目相看。既然他喜欢上网，我就让他当一体机管理员，要求他上课前打开一体机，放学后负责关机，当老师使用中遇到困难时，要帮忙解决。没想到这小子不仅把我给他的任务做好，还主动把一体机擦得干干净净。我平时借口眼神不好，请他帮忙录入检测等级，制作简单的表格等，渐渐地，我们无话不谈。

正好那段时间学校要开设“创客”活动小组，我第一时间推荐了他。我告诉他说：“你成绩不够优秀，达不到参赛条件，但老师觉得你真是这方面的奇才，所以努力帮你争取到了名额。你一定要好好学习，把成绩提上来，用实力说话。平时也要多看看跟‘创客’有关的书籍，别被淘汰，让大家笑话我没眼光哦。”“嗯，老师，我一定不会让你丢脸的。”他一脸认真地点头说。

后来，他在我的建议下制定了较为合理的时间安排表，安排了游戏和学习的时间。通过21天的反馈跟进，他渐渐改掉了坏习惯，成绩也赶上来了，去年还代表学校参加市的“创客”比赛获得了三等奖。

2.适当示弱，变被动接受为主动求知

真正优秀的课堂应该是学生自我展现、自我发展的沃土。然而，老师“一言堂”的现象我们还是会经常看到。有些老师在课堂上比较强势，忽略了学生是学习的主体，教学时把知识点讲解得十分到位，一旦学生答案有错误，立即一语道破。学生没有动脑的机会，只是呆板地接受知识，自我的发展受到限制，失去了灵性。老师活用仰八脚效应，可以很好地调动学生学习的积极性，推动学生思考，让学生自己学会分析、提炼，为学生的自我发展提供空间。

我在讲解应用题的多种解法时说：“有同学说这道应用题还有其他解法，我怎么想不到呢？谁能告诉我呢？”我没有直接告诉学生，而是采取示弱

的说法，促使学生积极开动脑筋，培养一题多解思维。如果上课有时被学生的提问难倒了，我们可以就此示弱，如实说：“这个问题，我也不知道。我们可以一起研讨解决。”这时的示弱，不仅调动了学生学习的积极性，增强了学生解决问题的信心，巩固了学生所学的知识，还让学生跟老师更亲了。

二、适当示弱，减轻班主任的负担

班主任工作千头万绪，除了正常的教育教学任务，还有各种活动、比赛，还要经常协助其他部门完成工作，特别是乡镇学校班额大，学生水平参差，班主任任务很重。现实中很多班主任有完美主义倾向，对自己很严苛，事事亲力亲为，小心翼翼。这样不仅会背上沉重的心理包袱，身心俱疲，科任老师、学生也会觉得班主任是个完美能人，师师之间、师生之间就会筑起一面无形的墙，导致大家敬而远之，更别谈主动为班主任分担了。用好仰八脚效应，可以让班主任轻装上阵。

1.向学生示弱，学生乐付出

我们应该适当示弱，让大家认识到班主任不是万能的，也会有不如自己的地方。其实班上的各种事务，绝大多数是可以让学生完成的。只要注意交代时用好方法，既可以减轻自己的负担，又能让学生得到锻炼。比如，班里要出板报，我在班里说：“我一向是个美术差生，学校要出板报，这可把我愁死了。”学生热情推荐：“某某画画可好了，可以让他画。”“某某写字很漂亮，可以让他写字。”……此时，我诚恳地说：“你们愿意帮帮我吗？”学生会很乐意展现自己的。又如，为了提高学生的阅读兴趣，我开展“班级读书银行”活动。此项活动需要学生汇报读书的内容及收获，然后把阅读的字数兑换成书币，最后把获得的书币数量登记在读书存折上。如果亲力亲为的话，我根本忙不过来。于是，我又皱着眉示弱：“我最怕计算了，看到数字就头晕。谁可以帮帮我？”“我来！”“我来！”……几个成绩较好的学生纷纷举手。我把他们分成小组轮流负责为同学们服务。这样不光减轻了我的负担，小助手们也得到了锻炼。

2.向科任示弱，科任乐参与

学校为庆祝共产党成立100周年要举行“童心向党”歌唱比赛。我知道英语老师擅长文艺，便寻求她的帮助和征求她的意见：“王老师，文艺方面我不懂，又要歌唱比赛，真不知道怎么办，你能帮帮我吗？”王老师谦虚地说：“我也不太会，我试试看能不能帮上忙。”我激动地笑着说：“谢谢你，你看这次歌唱比赛我们班选哪首歌好？采用什么表演形式比较好？”英语老师感觉到班主任的尊重，就会乐意支招：“我认为《童心向党》这首歌就很好，既切合主题，又好听。我们采用歌伴舞的表演形式……”接下来的选人、排练、服装等她都安排得井井有条，最后还获得了一等奖呢。

3.向家委示弱，家委乐分担

放低姿态，争取家委的支持，班主任工作更轻松。新接一个班，班级的凝聚力比较差，我想通过进行一些团体体验活动培养学生团结协作的精神，打算要组织学生到户外开展活动。我邀请了家委会几位家委到学校商讨，真诚地说：“我外出活动比较少，不知道有什么地方适合开展户外活动？什么活动操作比较简单、安全，又能让孩子积极参与？我想听听大家的意见。”“生态园的风筝广场不错呀!”“‘多人多足’这个活动操作简单，道具也好找，又可以让孩子体验团结的重要性。”……家委纷纷提出建议。后续的一连串工作，家委们都包办了。

老班心语

有人认为示弱意味着失败，其实不然，适度示弱是一种以退为进的教育智慧。运用“仰八脚效应”时，我们要注意以下几点：第一，示弱，不是真弱，不是什么都不会、没有能力，而是要创造一些他人能展示和努力的机会，一起努力，一起成长。第二，适度，不是完全示弱，什么时候、什么方面示弱，怎样示弱要把握好尺度。第三，老师要努力提高自身的业务水平，树立良好的自我形象，提高人格魅力。

学生习惯养成篇

XUESHENG XIGUAN YANGCHENG PIAN

01 近因效应
巧借邻近影响，助力教育转化

近因效应心解读

近因效应是指当人们识记一系列事物时对末尾部分项目的记忆效果优于中间部分项目的现象。信息前后间隔时间越长，近因效应越明显。原因在于前面的信息在记忆中逐渐模糊，从而使近期信息在短时记忆中更清晰。其实，近因效应这种邻近性不仅体现在记忆方面，在人际交往方面也有其影响。

链接中国智慧说

宋代俞文豹《清夜录》中苏麟向范文正公献诗云：“近水楼台先得月，向阳花木易为春。”意思是靠近水边的楼台因为没有树木的遮挡，能先看到月亮的投影；而迎着阳光的花木，光照自然好得多，所以发芽就早，最容易形成春天的景象。它借自然景色来比喻因靠近某些事物或人会获得优先的机会或便利。如俗话所说：“远亲不如近邻”“远水不解近渴”，都告诉我们“邻近性”很重要。

一线带班心智慧

近因效应的邻近性告诉我们，一个人或一件事留在某人头脑中的印象，很多时候都是那人或那事最后的那些信息或最新的信息造成的。班主任带班如果能活用近因效应，相信教育教学也会向更理想的方向转化。

一、就近"包围"感染，使学生慢慢转变

相信每个班都有一些让班主任很头疼的学生，这些学生上课要么玩东西，要么发呆，要么东张西望，要么骚扰旁边的同学；下课像脱缰的野马，不是"疯玩"，就是以捉弄同学为乐。班主任不管是表扬还是批评，不管是鼓励还是惩罚，哪怕是找上家长一起谈话，学生当时答应得好好的，但只保持一两天就"打回原形"了。如果不想办法让其尽快改变，将不利于班集体的进步，班主任带班也会很辛苦。

其实，小学生是一群易受周围人影响的群体，特别是处于青春期的学生，同伴的影响比老师、家长的影响更大。他们会互相学习，互相帮忙，互相影响。我们可以运用近因效应，在班上找几个纪律好和自控能力强的学生作为"帮助者"坐在其旁边，将其"包围"。他们课间多在一起玩，被帮助的学生受到"帮助者"的影响，会渐渐懂得分辨哪些是合适、健康的课间活动，哪些活动存在安全隐患，不适宜再进行。这样做，一方面让受帮助的学生在"帮助者"良好行为表现的影响下耳濡目染，知道怎样做才是对的，不自觉地向帮助者学习，慢慢学会控制自己的行为；另一方面嘱咐"帮助者"发现受帮助的学生有不良的行为表现时，要立刻提醒、劝导、制止，不要让其发展到不可控的地步。久而久之，问题学生就会有所转变，不再是问题学生了。

案例链接：

邻近监督，无形感染

五年级的小铭是个好动的学生，上课不是玩文具，就是找旁边的同学聊天，或者趴在桌子上不听课。我私下找小铭教育过几次，也见过家长，但第二天小铭就“故伎重施”了。

于是，我找来小依、小健、小语和小鑫到办公室。我对他们说：“你们平时都严格遵守纪律，而且上课很认真，自控能力很好。老师找你们来，是希望你们能帮助小铭改掉一些坏习惯和某些不良的行为。我会将你们安排坐在小铭的前后左右，你们负责监督小铭，一旦发现有问题，就立刻提醒制止。你们愿意帮助小铭吗？”四个同学都答应了。当天放学前，我就调整了他们的座位。

第二天上语文课时，我特别留意了下他们。小铭在东张西望，坐在小铭左边的小依提醒道：“小铭，别到处看了，认真听课。”小铭的目光才回到语文书上。小铭没有及时做笔记，后面的小健提醒：“小铭，要抄笔记啦！”小铭才意识到自己在发呆，赶紧回过神来做笔记。班级读书的时候，小铭看着周围的他们都很认真响亮地读书，也拿起书来一起读。小铭想跟他们聊天，他们都表示先认真上课，下课再说，小铭只好将注意力重新放回课堂上。我也趁机表扬小铭这节课更专心了，鼓励他再接再厉。

后来几天，几位科任老师都向我反映小铭上课比之前认真了。我找来那四位同学，肯定了他们对小铭的帮助与付出，也让他们继续帮助小铭。一个多月后，无论是课堂表现还是成绩，小铭都进步了。

二、邻近“结尾”设计，让家长安心

班级管理离不开家长的支持与配合，与家长处好关系，班级管理省心又省力。而家校沟通就是班主任与家长建立良好关系的一个重要途径，所以我们要掌握一定的沟通技巧，把握机会，取得家长的信任与支持。家长日常跟我们沟通得最多的内容一定是学生的成绩或行为表现，但很多班主任以忙碌为借口，不够重视跟家长的沟通，通常都是跟家长说完学生的情况，然后叫家长多跟孩子聊一聊就算完事了，也没有继续跟进。有时班主任听完家长的反映，随口说一句“好的，我会找时间跟他谈谈的”就草草结束对话，后续学生的表现也没有对家长进行反馈。这样的话，就会给家长一种虎头蛇尾的感觉，甚至让家长觉得老师只是口头上说说，实际上没有重视学生的问题，从而产生不安感。久而久之，家长就不再信任老师，对学生的反映也日益减少。失去信任的关系必定会给班级管理带来负面影响。要消除家长的不安感和不信任，沟通的过程很重要。受近因效应启发，得当的结束语就显得尤其重要了。

下面有两个例子，我们来比较一下。一个班主任接到家长电话，家长反映孩子在家的学习问题。不一会儿，上课铃声响了，班主任要去上课了，他用“不好意思，××妈妈，我要上课了，下次再聊吧。”作为本次沟通的结束语。另一位班主任遇到同样的情况，他以“嗯，××妈妈，您刚刚反映的问题是……（总结家长反映的问题），我都记下来了。现在我要上课了，下课我再联系您详细了解他的具体表现，再商量一下如何帮助他，好吗？不好意思，希望您见谅。”两种结束语虽然都说明了不能继续交流的原因，也表达了抱歉之意，但后者还总结了家长反映的问题，最后还表示会继续联系家长沟通如何帮助学生，让家长觉得班主任在认真对待她的事情，足以看出班主任对学生问题的重视。家长听到这样的回复，无疑会对班主任好感倍增，更放心将孩子交给这样负责任的班主任，对班级工作一定会更配合、更支持，班级工作的开展就会更顺利了。

除了跟家长沟通，近因效应还可以运用到家长会上。但很多班主任在家长会时往往都以简单的一句“谢谢支持”或“祝您身体健康、家庭幸福”这样的感谢语、祝福语作为结尾，有点太形式化了。受近因效应影响，家长在整场家长会中，对结尾的印象是很深刻的，所以家长会的结束语也很重要。我们可以这样结尾：带着家长回顾以往的一幕幕感动与欣慰，表示自己心中一直都记着学生和家长，很珍惜彼此的关系；感谢家长对我们工作的肯定，对班级工作给予的支持与帮助，表达我们的感激之情；承诺自己会一如既往地尽心为学生和家长服务，而且以后会做得更好，以此表示我们的决心与信心；展望学生的未来，祝愿学生发展越来越好，表达我们心中的愿景……我们真情实意的表达，不仅会打动家长，还会让家长觉得老师很用心，从而更放心将孩子交给老师。

三、近期优势发掘，让学生重塑自我

很多老师或家长过度重视成绩，导致很多成绩不太理想的学生会认为自己成绩不好就等于不够优秀，做什么都是不行的，达不到老师或家长的要求，从而妄自菲薄，连自己的优势都忽略了。近因效应表明，最近、最后的印象往往是最强烈的，可以淡化在此之前形成的很多认知。如果我们能有意寻找学生的优点，活用近因效应，创造机会让学生展现自己的优势，既而肯定自己、欣赏自己、重新认识自己——我不是一无是处，我也有自己的优点，天生我材必有用！学生就会改变对自己固有的错误认知，自信心也会增强。这样，我们再鼓励他在其他方面努力，争取全面进步。

我们在培养学生的时候，对平时表现不太理想的学生，要抓住他们的近期优势，活用近因效应，创造机会给学生展现，进行正向强化，增强其自信心。学生就会丢掉“包袱”，轻装上阵，取得进步，重塑一个更好的自己。比如，四年级的小芳成绩一般，总觉得自己没有长处。在一次班会课上，我提问某些安全知识问题，竟然只有小芳一人回答正确，引来同学们一波又一波掌声。我趁热打铁，让小芳准备一些安全方面的“冷知识”，在下一节班会课向同学们普及。后来小芳出色地完成了任务。我借此契机给予小芳肯定与鼓励，引导小芳不要否定自己，其实她也有自己的优点，只要努力，就会取得进步。从此，小芳在课堂上经常举手发言，大方、自信了不少，成绩也有所进步。

老班心语

班主任在带班中，运用近因效应时，可以寻找学生的优势，在优势延伸区创造机会让其展示自我，刷新学生对自己的认知，变得自信，并“辐射”到其他方面，他也会更努力追求进步。需要注意的是，运用近因效应时，要避免其负面影响，即不能用一时一事来否定一个人，这样很容易产生错误的判断和片面的评价，进而导致偏见。这不仅打击学生，还有损师生情。我们要活用此效应，让其产生积极的作用，助力班级管理。

02 连锁塑造效应
循序渐进，慢慢变优秀

连锁塑造效应心解读

连锁塑造效应是指通过小步骤反馈来达到大目标，也就是说，首先要把大目标分成几个小目标，每完成一个小目标就要进行反馈或强化，最终达到最后的大目标。连锁塑造应用于矫正学生行为非常有效。

链接中国智慧说

荀子的《劝学篇》里写道：“故不积跬步，无以至千里；不积小流，无以成江海。”意思是不积累一步半步的行程，就没有办法达到千里之远；不积累细小的流水，就没有办法汇成江河。这比喻无论做什么事情，都要脚踏实地，一步一个脚印，一小步一小步地，循序渐进，这样才有可能达到最终目标。“聚沙成塔”“集腋成裘”等典故也有类似的意思。这都跟“连锁塑造效应”通过完成小目标达到最终大目标的意思如出一辙，都强调了完成小目标并进行正面强化对达到最终目标的重要性。

一线带班心智慧

小学阶段是习惯养成的关键时期。我们在带班的过程中，不仅要关注学生的学习习惯，还要注意塑造其他良好行为。而习惯培养是一个从简单到复杂逐渐形成的过程，如果能活用“连锁塑造效应”，给学生设定小目标，并及时反馈鼓励，正面强化，就能让我们的学生“聚沙成塔”，慢慢优秀起来。

一、循序渐进，养成良好学习习惯

学习效率高、学习有质量与良好的学习习惯分不开，班主任要根据学生的年龄特点、教学的具体情况、能力增长的需要，由浅入深，循序渐进地引导，使学生良好的学习习惯持续稳定地发展。

1.专注听课的习惯

课堂是小学生接受知识、掌握知识、理解知识、增长知识的主阵地。在小学阶段，课堂学习的时间占全天学习时间的三分之二以上，因此，养成上课专心听讲的良好学习习惯对知识的掌握很重要。但很多学生连续专注听课只能保持20分钟左右，甚至更短，之后就开始分神或发呆了。专注的时间偏短，导致知识点掌握不好，听课效率低，成绩不理想。针对这样的学生，我们可以以学生专注力的表现为依据，参考不同年龄段学生有意注意集中时间范围值（5～6岁孩子有意注意保持在10～15分钟，7～8岁孩子15～20分钟，9～10岁孩子20～25分钟，11～12岁孩子25～30分钟），以此来给学生设定小目标，帮助学生延长有意注意时间，让学生更专心听课，提高听课质量。

案例链接：

小目标成就大进步

小军就读二年级，该年级学生有意注意一般应该保持在15～20分钟。但据科任老师反映，小军课堂听讲只能专注5分钟左右。于是我运用连锁塑造效应，将15分钟的大目标分阶段定成8分钟、12分钟和15分钟三个递增式的小目标，为他制定了一个专注力训练计划，让小军一步一步完成，希望帮助小军将专注时长调整至至少15分钟。

我先私下跟小军商量："小军，你觉得上课专注重要吗？"小军点头说道："重要。"我微笑着说："你现在上课专注的时间有点短，我们来玩个集中注意力的游戏，让我们的专注时间保持久一点。这个游戏是有奖励的，如果你能连续8分钟认真听课就可以得到一个'专注章'，每获得20个章就能得到一本你喜欢的绘本。好吗？"一听玩游戏还有奖励，小军欣然答应。我接着鼓励："老师相信你很快就能盖满20个章的，加油！"

接着，我争取得到各科任老师的积极配合，每节课都留意一下小军认真听讲的时长。小军很快就取得进步了，我给他盖章并及时表扬："林老师反映你刚刚上课连续8分钟都在认真听，有进步，这个章证明了你的努力，继续加油！"但有时候老师反映小军不能坚持，但我没有批评他，而是带着小军分析问题所在并对他进行鼓励："没关系，我们一起回想一下，是什么让你分神呢？我们一起想办法克服它，老师期待你下一节课的表现。"

三周时间过去了，在老师们一次又一次的鼓励下，小军终于拿到20个章并得到一本自己喜欢的绘本。我还在班上和家长面前经常表扬小军。等他表现稳定后，才提出下一个小目标，小军也坚持下来了。两个月后，小军上课基本上能坚持15分钟以上，听课的效率越来越高，成绩也有了很大进步。

2.按时完成作业的习惯

学生做作业拖拉磨蹭，导致作业质量低，达不到作业效果，还无法保证充足的睡眠时间，影响第二天的听课效率，导致学习上的恶性循环。如果按时完成作业，剩下的时间就能自由分配，或复习、预习、阅读，或看看电视、玩玩具等，还能保证睡眠时间。睡眠时间足够，第二天上课也有精神了。因此按时完成作业是非常重要的。对于作业习惯较差的学生，我们可以取得家长的配合，运用“连锁塑造效应”，让学生慢慢改变。

现在国家实行“双减”政策，五六年级学生晚上做作业的时间不能超过一小时。我班的小王磨磨蹭蹭，6点放学，不到一小时的作业量，都要拖到10点后才能完成。于是我建议家长跟孩子商量：前三周，如果都在9点半前完成，就能实现一个小愿望（家长跟孩子一起商量出合理的愿望）。前三周都能坚持的话，第四周作业完成时间提前到9点15分前。经过一段时间，若他已经能够坚持在规定时间内完成作业，就要求他9点前完成。这样一点一点逐步要求，帮助他渐渐缩短作业时间，慢慢提高作业效率。

3.课外阅读习惯

对于学生来说，阅读是打开视野、丰富认知的一种有效手段，所以良好阅读习惯的培养尤为重要。如果学生每次看几页书就把书丢一边，那就可以跟学生商量设定一些小目标。比如学生原来每天看6页，那第一个目标就定10页，坚持一段时间，学生做到就给予商定好的奖励。第二个目标定15页，第三个目标定23页……依此类推，直到学生每天看的页数最终达到比较适宜的目标。每天阅读时长也能运用此效应来增加。当学生爱上阅读，阅读本身就是奖励，那原来的奖励就可以撤销了。

二、从“小”训练，助力良好行为塑造

古人说：“少成若天性，习惯如自然。”因此，帮助学生塑造良好的行为是班主任带班的一个重要任务。良好行为塑造成功，班级管理自然事半功倍，更有助于学生有条不紊地学习和生活。而“连锁塑造效应”对于良好行为的塑造同样适用。我们要将学生的实际能力和终点行为联系起来，不能脱离实际，因此要训练学生从小事做起，从力所能及的事情做起，逐步培养，确保学生的行为离终点目标越来越近。

1.擦洗劳动训练

现今社会，大部分家庭都能满足学生的物质需求，一些父母在孩子的教养上，常常会过度保护，甚至在生活中处处代劳。学生长期失去参与家庭劳动和学习体验的机会，过分依赖父母，生活渐渐变得不能自理。

以一年级小学生为例，擦桌子只会拿着半干或湿答答的抹布乱抹一通。归根到底，就是日常在家没有参与家务劳动，缺乏独立劳动能力。这时，就可以运用此效应将擦桌子分解成几件“小事”来做，让学生慢慢学会如何将桌子擦干净。我们可以将擦桌子这件事拆分成几个小步骤来完成，分别是：一、取物品放椅子，抹布洗净要拧干。二、擦抽屉五个面，再擦桌子外五面。三、擦桌脚和椅子，物品放好整理齐。劳动课上，老师一步步引导学生学习，一个小步骤一个小步骤地做，一个小目标一个小目标地完成。老师随堂检查，做得好的表扬，做得不理想的鼓励重做，做好了再表扬。及时反馈，让每个学生实实在在地学会擦桌子。其他劳动行为，比如扫地拖地、拔草、擦窗户等都可以切分成一件一件小事来训练，直到实现最终目标。

小学生自律能力差，必须经过长期反复的训练和强化，才有可能塑造其良好的卫生行为。比如，不少小学生有垃圾随意丢在地上或放在抽屉、书包里，不剪指甲等不良的卫生习惯。我们可以将卫生行为的训练分成一个个小目标来完成，让良好的卫生行为在反复强化中定型。我们可以先让学生做到不乱丢垃圾，如任命平时卫生习惯比较好的几位学生为卫生检查员，下课检查各自负责区域的卫生，及时反馈。老师放学前公布检查情况，表扬优秀，反馈问题。一段时间后，再定下一个小目标，可以是保持抽屉整洁，保持桌面干净，勤剪指甲等，让学生一个一个小目标去完成。一旦小目标达成，立即给予强化和鼓励，有助于学生更加清晰地知道哪些具体行为被鼓励了。待独立行为基本形成，继续持续正强化，直到行为成稳定态势。

2.整理归位训练

整理行为的养成有助于增强学生的自理能力，让学生能更好地生活，对学生长大成人之后思考事情、处理事情都有很大的帮助。

就以一年级没有整理收拾习惯的小学生为例。上完一节课，书本、学习用品不收拾，或胡乱放进抽屉，下一节课需要的用品要找很久才能准备好，妨碍上课状态调整，甚至耽误上课。这时，连锁塑造效应就能很好地帮助学生养成及时整理归位的良好行为。比如，整理各科书本，我们先让学生准备好三个透明的文件袋（方便看到所装书本）。再指导学生按书本从大到小的顺序，封面朝上，装订边向内放，这样书本不易起皱褶。从整理语文科的书本开始，每节课一下课就检查，做到就积1分，并呼吁其他同学学习。一周后，再整理多一科目书本，做到就积2分，并拍照发到班级群表扬。以此类推，积分到50分就有奖励。直到此行为内化成学生的自觉独立行为，就可以过渡到学习用品的整理归位。

老班心语

在运用连锁塑造效应培养良好习惯的过程中，我们要善于将难以达到的大目标分解成努力“跳一跳”就能够得着的小目标。通过设计难度适中的小目标，让学生有勇气“跳一跳”。坚持做到、够着的次数多了，离终极大目标就更近了。但要注意，好的行为习惯至少要经过21天不间断的坚持才能养成，后续还要不断跟进巩固。只有长期坚持，反复训练，才能收到预期的良好效果。所以，我们要有耐心，要循序渐进，使好的行为习惯真正成为学生的内在需要，让学生慢慢变优秀。

03 淬火效应
棘手事件"冷处理"，矛盾冲突易化解

淬火效应心解读

淬火效应，原意指金属工件加热到一定温度后，浸入冷却剂（油、水等）中，经过冷却处理，工件的性能会变得更好、更稳定。在心理学与教育学中衍生出的含义为：长期受表扬、头脑有些发热的学生，不妨设置一点小小的障碍，施以"挫折教育"，几经锻炼，其心理会更趋成熟，心理承受能力会更强；对于麻烦事或者已经激化的矛盾，不妨采用"冷处理"，放一段时间，思考会更周全，处理起来会更稳妥。

链接中国智慧说

古人有"艰难困苦，玉汝于成"的说法，意为"艰难困苦"等客观环境，可以磨砺人的意志，帮助人达成目标；孟子也说"天将降大任于斯人也，必先苦其心志"，道出挫折对成长的重要性。《论语·子路》中提道："无欲速，无见小利。欲速则不达，见小利则大事不成。"意思是指过于性急图快，反而不能达到目的。中国古代这些圣言名语，也能让我们感受到淬火效应的冷处理的好处。

一线带班心智慧

在带班的过程中，大部分班主任往往一心想着尽快解决问题，甚少深思熟虑，基本采取一些简单粗暴的方式处理学生的问题。这样做不仅效果不佳，还有可能引发学生对自己的不满情绪，使得后续的班级管理难上加难。有鉴于此，我们把“淬火效应”渗透于班级管理中，发挥其积极作用。这不仅有利于提升班级管理水平，还能促进学生身心的健康成长。

一、不良行为，屡教不改——短暂搁置，静观其变

在教育学生时，我们经常会碰到以下三种情况：一是学生无视老师的批评，屡教不改；二是学生对老师的批评习以为常，任凭老师“恨铁不成钢”；三是学生面对老师的批评时，反抗到底，甚至变本加厉。面对以上三种情况，倘若老师们已经软硬兼施却收效甚微，那不妨暂时搁置，静观其变。

1.不良行为，“视而不见”

小学生一般希望得到老师的关注。为了维持老师对其的关注，一部分学生会采取一些不当的方式吸引老师的关注，例如他们会做出一些破坏性行为以引起老师注意。这在低年级学生中尤为常见。如果此时老师持续关注并指正批评他们的错误，他们则会认为“计策”奏效。这不但正合学生的心意，还让其不良行为持续出现和发展。既然过多的关注会强化他们的不良行为，那么老师就反其道而行，对他们进行“冷处理”——刻意减少对他们的关注。对于老师的“视而不见”，心思敏感的学生会觉察到自己已非老师的“关注”对象。他们就会开始揣摩老师的心思，反思自己的行为，最终意识到只有减少不良行为，才有可能重新获得老师的关注。随后学生便会转变“策略”，有意识地减少不良行为。那么，如何纠正这些学生不良行为的难题便迎刃而解。

案例链接：

孩子，你想哭就先哭一会儿吧

一年级新生入学的第二天，特别依赖妈妈的小轩就上演了他的“哭戏”，吵闹着不来上学。

那天早上，小轩的妈妈好不容易把他带到了教室门口，但小轩仍然哭闹着让妈妈带自己离开学校。我看见后，赶紧与小轩妈妈合力把小轩拉进了课室，并示意小轩妈妈离开。待小轩妈妈离开后，我立刻关上了教室的门，并用身子阻挡在门前。小轩坐在地上，扭动着身子，哭喊着要妈妈。

根据我的经验，小轩是要用哭闹的方式把妈妈“哭”回来，让她把自己带回家。如果此时顺了他的心，那么以后他定会使出哭闹的招数，让我满足他其他的要求。我可不能让他的小心思得逞。于是，我弯下腰，轻声地对小轩说：“如果你觉得很难过，想哭，那就先哭一会儿吧。”之后，我便走到学生中间，带领着大家唱拼音儿歌。小轩见状，哭得更大声，企图吸引我对他的关注，可我仍不动声色。有几个孩子偷偷地看着小轩。“哟，看来有小朋友想和小轩一样哦！”我的话一出，学生便意会到我的意思，随后就不再在意小轩，继续跟着我唱拼音儿歌了。

五分钟过去了，十分钟过去了……小轩想着妈妈不会回来了，老师和同学也不理会自己了，渐渐地停止了哭闹，撇着小嘴，自个儿盯着我看，偶尔也看看同学。

“小轩，你也跟着大家一起来唱儿歌，好吗？”我来到小轩身旁，摸摸他的头。小轩点点头，拉着我的手回到了座位上，跟着大家唱起了儿歌。看到他越来越认真投入，我特意让全班同学一起竖起大拇指表扬小轩的进步，还让他表演唱儿歌。

那天之后，小轩就再没有提过不来上学了。

2.“疏远、冷落”，激发需求

有一类学生因自身缺乏恒心，自制力弱，反复犯错被批评过多，最终习以为常，放任自我。这常见于小学高年级学生。对于老师苦口婆心的教育，他们只是摆出一副“无所谓”的态度，任由老师磨破嘴皮却仍无动于衷。最后老师也只能“怒其不争”，眼巴巴地看着他们破罐子破摔。其实，这类学生已经把老师的批评当作犯错后的“心理安慰剂”，毕竟他们早已能明辨是非，知道犯错后就应该被批评，而老师的批评恰恰让他们心里变得坦然，以致他们不在乎重复犯错而受批评。针对这类学生，老师要有原则地淡化他们的缺点和不足，采取表面“疏远”的方法进行“冷处理”，即对他们表现出失望。老师的冷落让学生的“心理安慰剂”失效，使其因自己犯错却不再被老师批评而耿耿于怀，触发他们内心渴望被关爱的需求。于是，他们就会期待老师的批评教育，并反思自己的错误。“冷处理”一段时间后，再对他们谆谆教导，这些学生便会格外珍惜，在接受批评的同时开始改正错误。

3.“置之不理”，无须动怒

面对拒绝接受批评的学生，也无须动怒。这样的学生大部分是独生子女，在家里娇生惯养，是家里的“小皇帝”“小公主”，听不得一点批评，受不得一点委屈。当他们在学校犯错，老师指出他们的问题并对其进行批评教育时，他们往往桀骜不驯，拒绝承认错误，不愿接受批评，与老师产生对立情绪。此时，若老师一心只想着继续追究，逼其“就范”，甚至大动肝火，意图使其服软，认为用大嗓门能对他们起到震慑作用，使他们幡然醒悟、知错就改，那只不过是老师的一厢情愿罢了。其实这种“硬碰硬”的方式只会徒增学生的抵触情绪，最终事与愿违。尤其对于那些性格要强或者是处于青春叛逆期的小学高年级学生，他们还可能会故意而为之。既然老师这种主动出击的方式并不能让学生迷途知返，那么就尝试“冷处理”的方式，暂时置之不理。短暂的搁置，不仅给学生留有冷静的时间，有利于他们自我反省；也能让老师有足够的时间平复心情，理性思考采取对策。待双方心平气和后，老师再实事求是、以理服人，效果往往会更好。

二、学生之间，相互指责——暂缓介入，不急插手

对于小学生而言，他们的自控能力较弱，处事易冲动，加上阅历尚浅，容易感情用事。因此，他们在相处时，难免会产生一些小摩擦。在带班过程中，我们经常会碰到两个或多个学生争吵着来到老师面前相互“告状”。不难想象，争吵中的双方正处于情绪失控状态，为了急于证明自己的“清白”，他们往往会极端、片面地描述问题，甚至强词夺理，想方设法把所有责任推给对方，也试图通过“谁大声谁有理”的方式，争得老师的“认可”。如果此时老师直接质问谁对谁错，肯定得不出正确结论，最终老师就会无法继续左右形势，从而陷入被动的局面。除此之外，学生也会觉得老师并不能帮他们有效解决问题，老师就会逐渐失去学生对自己的信任，使得学生不再愿意到老师面前“倾诉”。

既然贸然插手并不能缓解局面，也有引发师生关系疏远的风险，那么我们就选择“冷处理”，给予学生一段冷静的时间。在学生的情绪调整好后，老师再引导学生回顾事情的来龙去脉，分析事情的是非曲直，摆正双方的位置。此时，学生对于老师的询问、调查会比较理智地回答，老师就能够从中整合最接近真实情况的信息，以便于更好地处理双方的冲突问题，缓解学生之间的矛盾。

三、优生易傲，适时“泼冷水”——创设挫折，提升能力

在班级日常管理中，优秀学生由于综合能力突出，往往会得到老师的青睐。他们习惯于老师的热捧和同学羡慕的眼光，自我感觉良好。渐渐地，当中部分学生就会萌生高人一等的想法，产生骄傲自大的心理。当别人指出他们的问题时，这些学生便难以接受恰当的批评和中肯的建议，这不利于他们及时发现和克服自身的缺点。另有部分学生因有了老师的特别照顾，一路走来，伴随着鲜花和掌声，几乎事事顺遂，极少遭遇挫折，于是在遇到失败或困难时惴惴不安、不知所措，进而丧失信心，甚至自暴自弃。不论上述何种情况，长此以往，不仅有碍于学生进步，也不利于其心理健康发展。因此，老师适时对这些

学生“泼一泼冷水”，因地制宜，创设一点小小的障碍，为学生提供“挫折教育”，是相当有必要的。优秀学生取得的小进步不必次次提及，他们的优异也不必时时提起。老师偶尔“忽略”他们的“闪光点”或者对其“鸡蛋里面挑骨头”，对于长期处于顺境的优生而言，不但能让他们在平时经受失败的考验，学会自我调节，逐步提高自身心理承受能力和抗挫折能力，而且能让其时刻保持清醒状态，理智地找准自己的位置，有效遏止自满态势，让他们的心理更趋于成熟。

老班心语

我们遇到一些棘手的问题或是激烈的矛盾冲突时，与其紧抓不放，倒不如采用“冷处理”的方式，让问题或事件缓一缓，同时也给予各方充足的冷静和思考的时间，之后再回过头来处理，往往会有意想不到的效果。但我们在使用“淬火效应”时应注意控制“淬火”的火候，掌控好“温度”——要以熟悉学生为前提使用；切忌生搬硬套，应该因人、因事而异；注意尺度，避免因过度使用导致学生心灵受到伤害的情况，否则适得其反；建议多种教育方法综合运用，如结合“南风效应”“罗森塔尔效应”等心理效应，可促进教育效果最大化。

04 三明治效应
让批评易接受，效果更明显

三明治效应心解读

三明治来源于西方快餐，是一种以两片面包夹几片肉、奶酪及各种调料制作而成的食品，味道可口，深受人们喜爱。在批评心理学中，人们把批评的内容夹在两个表扬之中，从而使受批评者愉快地接受批评的现象，称之为三明治效应。这种现象就如三明治，第一层是认同、赏识、肯定、关爱对方的优点或积极面，中间这一层夹着建议、批评或不同观点，第三层是鼓励、希望、信任、支持和帮助，使之回味无穷。这种批评法，不仅不会挫伤受批评者的自尊心和积极性，还会使其积极地接受批评，并改正自己的缺点与不足。

链接中国智慧说

春秋时期的哲学家老子在《道德经》中曾言："将欲歙之，必固张之；将欲弱之，必固强之；将欲废之，必固举之；将欲取之，必固予之。是谓微明，柔弱胜刚强。"意思是：想要收敛它，必先扩张它；想要削弱它，必先加强它；想要废去它，必先抬举它；想要夺取它，必先给予它。这就叫作虽然微妙而又显明，柔弱战胜刚强。这也是老子推崇的先弱后强、欲扬先抑的说话之道的体现。可见，即便是批评学生，也要想办法让其乐于接受并甘于践行。

一线带班心智慧

很多老师抱怨，现在的学生听不进一点批评，一受到批评就做鬼脸、发脾气、摔东西，越来越难教。这些老师大多认为应该一针见血地指出学生的缺点，让他们明白自己哪里做错了，这样有利于他们以后改正。其实，虽然“忠言逆耳利于行”，但我们的批评若过于直接，学生脆弱的自尊心受到伤害，便会表现出反感甚至抵触。这不但达不到我们期待的教育目的，反而弄得双方都不愉快，甚至引发“副作用”。因此，班主任在批评学生时，要实行三步走策略：先说其优秀之处，再就事论事进行具体的批评，最后提出希望与肯定。这样“三明治”式的批评才能让学生更容易接受，从而收到最佳效果！

一、称赞肯定，让学生有被认同感

在批评学生前，先从事实出发，引出优点，让他不仅意识到自己的优点，还感受到被认同、被欣赏，这是“去防卫心理”的重要步骤。如果一开始就是直接批评，语气又十分严厉，那么学生就会产生一种自然的反射状的防御反应以保护自我。一旦学生产生了这种防卫心态，就很难再听得进批评意见了。因此，在批评之前，老师先说些关怀、赞美之类的话，创造友好的沟通氛围，让学生放松下来，才能顺利进行接下来的谈话。比如我的科代表小范活泼伶俐、表达流畅，但书写经常不端正不规范，每天被打回重写的几本作业中总有她的本子。有一天，小范到办公室领取改好的作业，我微笑着对小范说：“今天整个班英语早读都很响亮整齐，你带读得真好！”小范听到我的赞扬非常高兴，于是欣然接受了我之后对她提出的书写要认真的建议。随后，我又提出期望，希望她能以更好的榜样作用带领同学一起进步。这样一来，小范既无抵触心理，又有了老师的期盼这一改正的动力。我们要牢记，在称赞学生的优点时，要实事求是，从实际出发，不能太过夸张，最重要的是要让学生感受到我们的真诚，由此营造出一个良好的谈话氛围。

二、就事论事，让学生有安全感

很多老师在批评学生的时候习惯多件事情一起批评，或翻旧账，甚至带着情绪抱怨式地批评，让受批评的学生心有余悸，搞不清楚自己到底是哪件事做错在受批评。其实，这些都是错误的做法。批评不是目的，而是手段，是为了让学生认识到错误并改正。因此，我们如何做好批评就特别讲究了。除了先称赞肯定外，三明治法提倡要顾及受批评者的面子，对于错误的行为，应就事论事，不追究过去、不带负面情绪，这样指出问题才能让学生更易于接受。

比如，小宇因为父母的原因最近几天经常迟到。今天又晚了，他在上学路上就设想过老师可能会就这几天迟到严厉地批评他，小宇越想越害怕。没想到，自己来到班上，班主任陈老师没有提及前几天迟到的事，而是针对今天迟到的事平和地对小宇说："小宇，你以前一直很守时的，今天是因为什么事情迟到呢？能不能想办法克服？或者有什么需要老师帮忙吗？……老师相信你今后遇到问题一定会想办法解决的，是吗？"这些话语让小宇不禁红了脸，惭愧地说："老师，我知道怎么做了，我不会再迟到了。"

其实，每个做错事的学生都大概知道自己身上的问题、做得不好的地方，如果老师能就事论事，并且是站在他的角度去考虑问题，让他感觉到你是关心他、懂他的，他就会积极配合，往老师希望的方向去改进。

三、激发鼓励，让学生有成功感

为了巩固批评的效果，让批评建议更深入人心，不至于被学生"转身就忘"，真正发挥批评的有效性，我们还要帮助被批评的学生消除"后顾之忧"。批评尾声，老师要大力鼓励学生，让他看到希望，对自己改正错误充满信心，相信自己还能回到正确的行为轨道上，并"一路向前"。小瑞是班上的纪律委员，今天他却在课室里追逐打闹。老师发现后这样与他沟通："小瑞，你向来将班上的纪律管理得很好，这次却带头在课室追逐打闹，岂不是违背了纪律委员的职责？"在批评后，老师对小瑞提出了期望和目标："你是一个纪律严明的人，以前对自己的要求也很严格，相信你定能继续发扬，管理好自己，也管理好同学，老师对你充满信心，要加油哦！”本来还有点垂头丧气的小瑞昂着头笑着说：“嗯，老师，我一定严格要求自己，做同学们的表率！”然后迈着轻松的步伐离开了办公室。改正错误的关键是要付出实际行动，只有行动起来才能解决问题，这时候给学生“打鸡血”能让学生立刻看到成功的希望，行动力也会更强。

案例链接：

批评有技巧，行为更自律

六年级的小刚是一个聪明的学生，但缺点也同样明显，他对学习缺乏耐心，遇到困难总想逃避。刚开学一星期，我就发现小刚的作业比以前有特别大的进步，虽然书写还是一般，但正确率很高。我看着非常高兴。又过了一天，我在批改中发现有道题的标准答案错了，然而小刚的答案与标准答案一模一样。我陡然意识到问题的严重性。再翻回之前几天的作业，确实每一道题，即使是相对开放的题目，小刚的答案也与标准答案几乎一模一样。“撒谎”“作弊”“抄答案”，我的脑海中立刻浮现出这些词，愤怒涌上心头，但理智告诉我要冷静。

我将小刚叫到办公室，他看到摊在办公桌上的练习册，似乎明白了什么，一脸沮丧、懊恼。看到小刚这样，我知道他已经意识到自己的错误了。我语重心长地说：“小刚啊，你希望能够把作业都做对，说明你有一颗向上的心！”小刚抿了一下嘴巴，低下了头。我摸了摸他的头，接着说：“作业是为了巩固所学知识，也让老师了解你的掌握情况。如果你写下的答案不是自己想出来的，老师怎么知道你哪些知识没有掌握好，怎么帮助你学得更好呢？你觉得对吗？”接着，我把抄答案的危害告诉他，并告诉他遇到难题应如何应对。听了我的话，小刚不好意思地小声说：“老师，我保证会改。你能不能不要告诉我爸爸妈妈，我不想让他们知道，不然他们会打骂我的。”我见小刚已有悔意，就没再批评了，我鼓励他说：“你是个积极主动的孩子，也很聪明，老师相信只要你靠自己努力做好作业，就一定能够成为一名有实力的好学生！爸爸妈妈也会以你为荣！”小刚听了点了点头：“嗯！”接着，我针对他在学习方法上出现的问题给出一些建议。

从此以后，小刚再也没有出现过类似的情况，学习成绩也有所进步，向着成为一名自律优秀的好学生迈步。

老班心语

我们在运用三明治效应批评学生时，需要适可而止，切忌没完没了，也要注意自己的态度，善用技巧，让孩子有自尊感。良药不一定苦口，忠言不一定逆耳，只有掌握正确的批评之道，才可以顺利地让学生容易接受建议和意见。如在批评时使用幽默的话语，不但可以消除被批评者的紧张情绪，创造轻松的氛围，而且更容易达到教育的目的，加上老师发自内心的鼓励和期待，激发学生向善的心，才能真正发挥“三明治效应”的作用。

05 詹森效应
考试平常心，成绩更称心

詹森效应心解读

曾有一名运动员叫詹森，他平时一直坚持严格的训练，实力雄厚，但在比赛时却因得失心太重、压力过大、过度紧张，导致接二连三的失利。人们借此把这种平时表现良好，但由于缺乏应有的心理素质而导致竞技场上失败的现象称为“詹森效应”。得失心过重和自信心不足是造成“詹森效应”的主要原因。

链接中国智慧说

《论语·阳货》中提道：“其未得之也，患得之；既得之，患失之。”意思是没得到时怕得不到，得到后又怕失去，形容对个人得失看得太重，这颇有“詹森效应”之意。想要克服患得患失的心态，就要做到安之若素，这样才能正常地发挥真实的水平，充分地展现自己。正所谓“宠辱不惊，闲看庭前花开花落；去留无意，漫随天外云卷云舒。”

一线带班心智慧

“詹森效应”常见于考试方面。学生由于担心考试失败或渴望获得更高的分数而产生的一种忧虑、紧张的心理状态，这常被称为“考试焦虑”。严重者还会使焦虑加重，形成恶性循环，对往后的学习乃至考试均产生严重的不良影响。

作为班主任，在带班的过程中我们可以从以下方面入手，帮助学生降低过度的考试焦虑，让学生心理“不躁”、行动“不急”，尽可能把詹森效应对考试的影响降到最低。

一、调整学习心态：帮助学生调整认知

要避免詹森效应，首先就要调整学生的学习心态，矫正学生心中的非理性观念。

1.正确认识考试意义，端正考试动机

有些学生会认为如果考试没考好，自己就是没有用的，甚至会让其他人看不起，于是就自我要求必须考试成功。学生这种对考试的错误认知是导致对自己“绝对化”要求的罪魁祸首之一。

对于学生而言，考试固然重要，但不是学习的目的。我们可以通过班会课等形式，让学生正确认识考试的意义，可以告知学生考试成绩并不能作为衡量个人优秀与否的唯一指标，不要过分看重考试的得失；明确考试只不过是平时学习状态的反映，是一种展示和检验自己才能与所学知识的手段，从中能够暴露出自己知识体系中的薄弱环节，利于及时修正，以达到巩固提高的目的。

2.正确评估自我能力，设定合理目标

有些学生会错误评估自己的能力，却又对成绩产生过高的期待，从而陷入考试焦虑中。我们可以借助纵横比较的方法，帮助学生正确估计和认识自己的能力，给学生指出努力的方向和目标。高年级学生可以在老师的指导下自行评估，低年级学生可以在家长的帮助下进行评估。纵向比较就是进行自我比较。我们可以引导学生根据历次考试的情况，梳理出自己的强项和弱项，之

后，以此为依据，合理地安排时间和分配精力进行复习。横向比较就是把自己与他人进行比较，这可以让学生了解目前自己在所有考生中的位置，由此确立适合自己能力水平的目标。一般来说，与学生的能力水平相匹配的目标是比较保险的，而稍稍超出学生能力水平的目标是最适合的。

二、改变教学方法：培养良好学习习惯

要避免詹森效应，不仅需要班主任的干预，还需要其他科任老师共同指导学生掌握科学的学习方法，培养良好的学习习惯。

1.储备充足知识，从平时抓起

考试旨在检查学生知识掌握情况。有些学生平时学习不认真，学习基础薄弱，知识掌握不扎实，就容易对考试缺乏把握和信心，产生考试焦虑。因此，班主任及科任老师要共同引导学生立足于平时努力学习，要求学生认真对待家庭作业，限时独立完成和检查，把每次的作业当作考前“练兵”，从中发现知识的缺漏，及时补救。另外，我们要跟学生强调及时复习的重要性，让学生做到每天及时复习，及时巩固知识。久而久之，知识储备自然越来越多。面对考试，学生就有了底气和信心，考试焦虑也就随之降低。

2.重视考前复习，提升应试技巧

老师要充分利用考前的冲刺复习时间，帮助学生梳理知识网络结构，以便查漏补缺。尤其是大考，它往往着眼于前后知识的综合运用。冲刺复习时可以适当开展模拟演练，帮助学生提前了解考试的各种信息，以便围绕考试范围、题型、题量和时间长短等做出更全面的答题准备。这让学生不仅能提前熟悉和适应考场的紧张气氛，还能有效降低考试途中出现慌乱的概率。

老师还要教会学生必要的考试技巧。如：反思以往的考试，总结问题，寻找对策；认真审题，仔细答题；合理分配答题时间，提高书写质量；按先易后难、先做多分后做少分的顺序答题；遇到做不出的题目先放一放，等把会做的题目都完成后再回头思考；养成细心检查的习惯，不轻易放过每一个标点、每一个数字、每一个字母，做到不漏题。

3.强调学习过程，弱化学习结果

班主任协同科任老师开展形成性评价和发展性评价，关注学生的学习过程，重视学生的情感态度，可以通过鼓励他们积极面对挑战，赞赏他们克服困难的勇气，夸奖学生的坚持，认可学生的努力，肯定他们各方面取得的一点点进步等方式，引导学生享受学习的过程，体验学习的快乐，把关注重心从学习结果转向学习过程。

三、转变育儿观念：给家长减压，为学生“松绑”

高焦虑学生的背后往往是高焦虑的家长。要降低学生的焦虑情绪，就必须降低家长的焦虑情绪。因此，作为班主任，我们不能仅对学生做工作，还要给家长心理减压，让家长转变教育观念。焦虑的家长无疑是过于看重孩子的成绩，在不了解孩子的实际情况下盲目地对孩子提出过高的要求，由此加重了孩子的心理负担，加深了其原有的焦虑程度。为此，我们也要向家长清晰地分析考试成绩的意义。考试成绩即分数并不能代表学生的实际水平，它仅是某一次考试的卷面得分，是对当次考查内容掌握情况的一个量化值，便于老师和学生能够了解前一阶段所学知识的掌握情况，及时调整教与学。况且，学习成绩只是学习结果的外在表现，它是由学习态度、学习习惯、学习方法三者共同作用决定的。因此，考试成绩不能作为衡量孩子能力的唯一指标。作为家长，既不能忽视成绩，也绝对不能因为一时的成绩落后而把孩子的未来全盘否定，要以一颗平常心接纳孩子的学习成绩。

四、掌握调控方法：及时减轻或化解紧张情绪

最后，我们可以教给学生一些简单的调节紧张情绪的方法。学生在感到紧张的时候，可以做几个深呼吸，并且不断为自己鼓劲加油，可以反复默念“我已经准备好了”“我相信自己”等一些给自己积极暗示的话语，甚至可以想象一些轻松、愉快舒适的情境，想象自己在考试中取得优良成绩，以此减轻或化解紧张情绪。

案例链接：

应对学生考试焦虑，我有招

在期末考试的前一个月，小白来找我，说自己近来睡得不好，前一天晚上甚至失眠了，担心这样下去会影响期末考试。

在结束与小白的谈话后，我与科任老师进行了沟通，随后也联系了她的父母进一步了解小白在家的学习生活情况，最终确定小白的问题是属于轻度的考试焦虑。综合老师和家长的反馈可知，小白特别关注数学成绩，但因为她未能客观地认清自己的实际水平，给自己制定了一个过高的目标；加上家长无意识地对她施加了压力，导致她学习过度紧张，从而影响了睡眠质量。

第二天，我主动找到了小白，跟她明确了考试只是检验自己前阶段学习成果的手段，可以帮助我们查漏补缺，但不能单一地以成绩来评价自己的能力。

之后，我陪同小白找到了数学老师。数学老师结合小白试卷上的错题，综合分析现阶段小白数学方面存在的问题——基础不扎实，计算能力欠佳导致失分过多。随后，我和数学老师针对小白的问题一同制订了学习计划，纠正她盲目刷题这种错误的学习方法，转向有针对性的计算练习，加强基础训练；同时设定一个适合她能力的目标，并耐心、详细地跟她解释说明。

最后，我也与小白的父母进行了沟通，当面纠正了他们错误的考试观念；以纵横比较的方法让他们了解孩子的实际水平，引导他们降低对孩子的期望值；强调在孩子面前不要有意无意地以“没有好成绩就不能考到好初中”之类的话语给孩子施加过多的压力；比起考试成绩，更应该肯定孩子的学习过程，鼓励和赞赏孩子的坚持精神。

从那天开始，小白的父母接纳了孩子能力不足的事实，不再盲目拔高对小白的要求。平时，他们主动与小白沟通，了解她的心理状况。

当小白对考试感到紧张时，她的父母会先陪同她进行一些简单的体育锻炼，在转移小白注意力的同时，也让她的大脑得到放松。之后他们会鼓励孩子不要轻言放弃，尽力而为即可。

在平时的教学中，我和数学老师持续关注小白的情绪变化。当小白在数学方面遇到困难时，我们鼓励她大胆提问，给予她信心；在方法上多点拨，循序渐进地提高其数学的思维水平；抓住小白的几次进步，大大肯定她的努力付出，激励她继续坚持。当小白感到紧张时，引导她想象自己数学取得好成绩的场面，并以"我已经在努力了，我相信自己能行"等积极的暗示语为自己鼓劲。

渐渐地，小白的计算能力逐步提高，在面对数学题目时更有底气，加上老师和家长对她的表扬和鼓励，更是逐步增强她的自信心，她考试焦虑情绪逐步得到缓解。现在，她已经能够从容地面对考试了。

老班心语

适度的考试焦虑是有助于提高考试水平的。只有过度的考试焦虑，才会演变成考场上的詹森效应。大多数考试焦虑的学生通过上述措施能够有效缓解焦虑情绪。另有少数学生因过度焦虑而伴有强烈的生理反应，此时就必须及时求助专业的心理工作者，进行专门的心理辅导或治疗。

06 南风效应

顺应内在需求，激发自觉性行动

南风效应心解读

南风效应源于法国作家拉封丹写过的一则寓言，讲的是南风和北风比赛，看谁能把行人身上的大衣脱掉。北风使劲刮，可是越使劲，行人把大衣裹得越紧；南风则徐徐送来温暖，行人因此觉得暖意洋洋，脱下了大衣，南风赢得了比赛。南风悠悠暖人心，顺应了人的内在需要，使人的行为变得自觉，从而达到了目的。这种以启发自我反省、满足自我需要而产生的心理反应，叫“南风效应”，也称“南风法则”或“温暖法则”。

链接中国智慧说

“春风化雨，润物无声”很好地诠释了南风效应。面对犯错误的孩子，和风细雨地教导，多一分宽容和尊重，让他们自发自醒、催己自新，这也是我们中国的传统教育智慧。“以柔克刚，化戾气为祥和”“良言一句三冬暖，恶语伤人六月寒”“感人心者莫乎情”“教者也，长善而救其失也”“数子十过，不如奖子一长”这些传统思想也是南风效应的体现。

一线带班心智慧

正处于成长阶段的学生心理还不成熟，容易产生逆反心理。如果我们能充分认识到南风效应的作用，并在带班过程中灵活地运用，将会产生意想不到的效果。

一、以情动人促和谐

有时老师布置作业，学校布置任务，老师临时调课或者体育、音乐、美术等副科老师有特殊情况不能来上课，需要主科老师来代上，学生难免会有抱怨甚至是不满情绪，就会出现一些不和谐的声音。感人心者莫乎情，这时就要用感情去打动学生，那样学生才可能听进老师的道理，理解老师的做法，不再抱怨。巧用南风效应，可以使得师生关系更加和谐。平时我对班上的学生如好朋友般，毫不吝啬地表达对他们的喜爱，空闲时找合适的时机亲手做些凉拌菜、卤水鹌鹑蛋、咖喱鱼蛋请学生品尝。有时我从家里带来水果，午餐时会拿到班里和他们分甘同味。春节过后开学的第一天，我会给孩子们每人准备一个别有深意的大红包。学生们从平时的点点滴滴中感受到我们暖暖的爱，自然觉得老师可亲可爱，也会特别愿意听从老师的教导。

体育老师不能来上课，学生往往意见会很大，班上活泼好动的男孩子简直想把来代课的老师赶走。开学初，我都会利用班会课给学生打一支“预防针”，告知大家要体谅代课老师的辛苦，预防学生产生抱怨、不满的情绪。我一般会在课前给学生打个招呼，上课时先对学生表示理解，然后给学生说明体育老师不能来的原因，老师愿意来代课就是对大家负责任。接着我会告诉学生这节课的安排，有时是让他们看书，有时是给他们布置作业；如果课程比较紧张，就安排讲课或讲练习。学生听到老师的一番道理一般都会配合。当班级里师生产生一些对抗的情绪，我们不妨把学生带到“温暖的南风”中，给学生一个愉快的心境，让南风轻轻地吹掉他们自我保护的“盔甲”。然后耐心地、心平气和地、通情达理地去解释分析，把握时机让学生由消极状态转变为积极状态，这样就会产生“南风效应”，达到预期的目的。教育不在于说教内容的深刻，而在于形式的巧妙。

二、以奖代罚促进步

班上有些学生平时表现不错，但偶尔也会犯错。这些学生往往做错事后自己都会认识到错误，所以对于这些学生，老师只需要引导他如何改正，已经知错能改就应该宽容他，无须过多地责备处罚。

班上总少不了几个特别调皮的学生，也会经常犯错，甚至对老师的批评教育已经麻木了。我们不妨改变方式，“以奖代罚”，激励他们努力提升自己，进而让他们从内心去改变自己。

有一次，我班的学生小荣在走廊追逐把小诚撞倒了，他主动找我承认错误。我也想起陶先生“四块糖果”的故事，这是一个很好的以奖代罚的典范。我对小荣说：“你能主动找老师承认错误，说明你是个知错能改的好孩子。老师先奖励你一颗棒棒糖。”被撞的小诚也来了，庆幸没有大碍，小荣很诚恳地向小诚鞠躬道歉。我摸了摸小荣的脑袋说：“能真诚地道歉，老师再奖励你一颗棒棒糖。为了避免再次撞到同学，你可以怎样做？”通过教育，小荣认识到了自己的错误，决心好好改正，显然以奖代罚的教育方式孩子更乐于接受。以奖代罚，老师事先要做好奖品的储备，可以是物质上的，如小糖果、小书签、作业本、笔、小印章等；也可以是非物质的，如当一天班干部、当一天小老师、公开表扬等，当然奖励一定要有的放矢。

不可否认，学习上或者生活中总存在一些学生，他们接受能力不是很强，他们做事或者作业总是落后，跟不上同伴的进度，自己做事或者学习总比别人要差，往往都比较自卑。针对这类学生，我们尽可能安排他们去做一些容易的事情，发掘其闪光点，让他们能够享受到成功的喜悦，使他们觉得自己也能行。即便他们做得不够好，也要找到值得表扬的地方。总之，要想方设法去鼓励他们，让他们看到自己积极的一面，自己也有超出别人的一面，从而树立起信心，脱掉自卑的外衣。

我们班的小婵记忆力特别差，每次生字听写几乎全军覆没，生字的拼音也不会读。于是，我对她降低标准，每次听写生字只需要写生字，不需要像其他同学那样把拼音也写出来。这样一来，生字听写就比之前容易多了。她有时听写就只错几个生字，于是我对她进行鼓励表扬以及个别辅导。平时，我特别留意观察小婵，发现她有很多闪光点：收拾整理的习惯非常好，每次班务检查，她的抽屉总是收拾得整整齐齐，所以我就以她的抽屉为例制作课件，教其他学生整理自己的东西；午餐她从不挑食，每天午餐基本都是“光盘”，于是我就安排她做午餐管理员，登记同学们的午餐情况；她责任心强，于是我选拔她担任副组长，负责收发作业登记本和阅读登记表……每次发现她的闪光点，我都会及时地给予她表扬，给她“吹去悠悠南风”，让她找到自己可取的地方，给予她鼓励和支持，帮助她建立自信。渐渐地，小婵在学习上有了很大进步，人也变得越来越自信了。

三、换位思考化坚冰

班级里难免出现个性非常倔强、固执偏激，表现出严重逆反心理的学生。就像我们班的小豪，一有不合乎自己意愿的事情，就会表现得很激动。有时明明是自己犯错了，还是坚决不认错，更不要说悔改了。对于老师的批评油盐不进，就像一块万年坚冰。对于小豪这种学生，既要抓实他的把柄，又不能过于直接，应适当以退为进，换位思考，理解他的心理，动之以情，晓之以理，从而消除他的叛逆情绪，这样他就会乐于接受老师的建议，从而达到教育的目的。

案例链接：

以退为进，悠悠转化

有一次，小豪在午休时间又不肯午休，故意顶撞值日班长。对于小豪这样的学生，老师如果因为师道尊严直接强制批评惩罚，就会你越强他越硬，往往把事情搞得非常僵化，又达不到想要的效果。这时，我们不妨以退为进，既委婉地指出他的错误，又宽容他的错误，并侧面点出更好的解决问题的方法，给他一个思考的空间。于是我把他叫到教室外面，问他不午休的原因。他告诉我自己一点都不困，不想午休。我又问他："你知道为什么家长让你在学校午餐午托吗？"他说："妈妈没时间给我做饭。"于是我告诉他："家长让你在学校午餐午托还有更重要的原因，是希望你中午有更多的时间午休，让小眼睛小脑袋可以充分地休息，身心更健康。为了有更好、更充分的休息，为了下午上课可以精神饱满，所以到了午休时间我们就抓紧时间安静午休。如果这时候总有一些声音打扰到我们休息，你会怎么想？肯定是希望别人保持安静，不要打扰到自己，对吗？你觉得应该怎样做比较好？""但是我就是不想午休。""那我们怎样才能不打扰到别人休息？""不说话，不搞小动作，但是我忍不住。"

于是，我建议他如果真的不想午休，就过来我办公室检查我们班阅读登记表和作业登记本，或者在我旁边看看书，但是一定要保持安静，不能影响到办公室其他老师。他很乐意帮忙检查阅读登记表和作业登记本。检查完后，我对他表示感谢，还表示希望他能好好休息，更希望他理解值日班长，配合管理，回去应该向值日班长道歉。他也接受了我的建议。我还告诉他，如果一个星期的午餐午托都有好表现，老师可以让他当午餐午托实习值日班长帮助老师管纪律。

后来，当学生们都很自觉午休时，他也开始好好地休息。他虽然一开始还是睡不着，但能按照我的要求，闭着眼睛一动不动平躺着。我告诉他，不强逼自己一定要睡着，只要把注意力放在自己的一呼一吸上就可以，慢慢地，他就能睡着了。

南风悠悠，以退为进不是真的让步，不是纵容，只是根据具体的情况采取的灵活方法，目的重在达到教育的效果。

老班心语

在南风效应里，我们深知，应顺应学生的内在需求，才能充分激发其自觉性和行动力。也就是说，要抓住学生的心，就要先了解学生的内在需求。要真正了解学生的内在需要，就要让高高在上的自己，蹲下来与学生“等高”。相信每个学生都想成为好孩子，特别是面对犯错的学生，更要坚信他们更想成为好孩子。而犯错是孩子必经的成长历程，面对犯错的学生，我们注意教育的方式方法，抓住其内在成长需求，一定能更好地让他们自觉行动起来。

07 刺猬效应
保持适当距离，教育效果更佳

刺猬效应心解读

刺猬效应是指刺猬在天冷时彼此靠拢取暖，但保持一定距离，以免互相刺伤的现象。这个比喻来自叔本华的哲学著作，它强调的是人际交往中的“心理距离效应”。在教育学中，教育者与受教育者日常相处，只有保持适当的距离，才能取得良好的教育效果。

链接中国智慧说

中国人大多知道战国时候庄子所言：“君子之交淡如水，小人之交甘若醴。君子淡以亲，小人甘以绝。”意思是君子之间的交往，像水一样平淡、纯净，这样的友谊才会持久；小人之间的交往像甜酒一样浓稠，但不会长久。《论语》中“远之则逊，近之则不公”同样强调了适当距离的重要性。这些都是中国古人提出的与人适度交往的智慧言论，这也是刺猬效应的一种诠释。

一线带班心智慧

刺猬效应运用于带班管理就是一种智慧的教育艺术。作为班主任，特别是小学班主任，既要与学生保持亲密的关系，让学生感受到老师的温暖和关心；也要与学生保持适当的距离，亲密有间、疏而不远，在教育中树立老师的原则和威信。

一、亲密有间，与学生保持适当距离

1.处理好与学生的关系

古人云："亲其师则信其道。"很多新入职的老师也是按照古人所说，都曾经尝试着与学生保持亲密无间的朋友关系，想尽办法让学生喜欢自己，结果班级的纪律和成绩都一团糟。我也走过这么一段路，回想我刚走上工作岗位那年，任教八年级，和学生打成一片，简直是和学生零距离接触。教学中把欢声笑语引入课堂，课后与学生一起聊天、运动、就餐……学生由开始的拘谨变得与我日渐亲密。然而，我的话却渐渐地不灵验了。有些同学连写作业也跟我讨价还价，拖着拖着就了事了。

有一次，在我的语文课上，坐后排的几个男生光明正大地传零食吃，还笑嘻嘻地看着我。当时我很生气，批评他们不遵守课堂纪律并且要惩罚他们抄课文，他们竟然以为只是说说而已，一点也没把我的批评教育放心上。到了第二学期，在我的课堂上依然有很多学生我行我素，批评教育时，他们也丝毫不在乎……学业成绩等次很低，我彻底傻眼了。有经验的同事跟我说："你对学生太好了，他们不懂珍惜的。"在后来的教育教学中，我确实悟出了当年老同事给我的警言——老师与学生之间关系是非常微妙的，过远则有生疏之感，过近则生戏谑之忧。

距离产生美，与学生保持多大的距离才适当呢？我认为那是一种美的距离——和谐相处，不远不近，恰到好处——庄重严肃的前提下和蔼亲切，和蔼亲切的基础上庄重严肃。这就是刺猬效应的核心了。我与陈佳同学的相处就是刺猬效应的正面案例，我肯定她，但不放纵她，相信她也时刻监督她。

案例链接：

把握好师生距离，让学生有更多成长空间

小佳六年级转入我刚接手的602班。我本想她是新同学，要多关注她，好让她尽快适应新环境，但是她比我更快认识同学。才开学两天，我看她就已经跟坐在周围的几个同学手拉手，成为好朋友了，可见她是个性格很活跃的女生。

很快，她也主动找上了我，时不时找些理由到办公室跟我说上两句话。有一天，她和小暄一起来我办公室，主动问作业，还说她以前做过语文科代表，可以帮忙把作业写在黑板上。

“上完语文课，我看大家的学习情况再布置作业，然后小佳再把作业写在黑板上，提醒同学登记好，像平时老师那样，可以做到吗？”我对她们说。

“老师，小佳她在原来的学校还是班长，她可厉害了，成绩也好呢。”小暄兴奋地跟我说。

“哦，那很好啊，第四周我们竞选班干部的时候，你们要积极主动哦！”我鼓励她们。

之后的一个星期，小佳来办公室更频繁了，没带水杯来跟我要杯子，我就跟她说：“老师这里有一次性杯子，但是只能给你用一次，以后记得自己带水杯哦！”借手机给她发信息与妈妈联系，我就跟她说：“是有重要事情吗？打个电话给妈妈吧。如果这事是可以回家跟妈妈说的，就回家跟妈妈说。”打同学的小报告，我这样反应：“谢谢你跟我反映同学的情况，我会调查清楚。”……小佳同学这样的行为说明她已经把我当作自己朋友，觉得自己可以随意做什么说什么了。但是作为老师，我有自己的观察能力和判断能力，我会就事论事，并且与她保持师生关系的距离。

小佳是自信、能干的女生，但有时不够自律，拉帮结派的行为也不

适合当一班之长；至于学习成绩，在我们班她只是中间水平，起不到榜样作用，最后我安排她做了小组长。

作为一个班主任，要管理好班级，应以人格和智慧的力量去赢得学生的尊重，扩大自己的“非管理影响力”。班主任要去思考对不同的学生应该保持多远的距离。面对不够自信或者是自卑的学生，我们要想办法拉近与他们的距离，让他们感受到自己被老师尊重了；面对比较活跃、难缠或者行为比较偏激的学生，我们要与他们保持较远的距离，让他们明白班主任不会纵容他们；面对待优生取得一点点的进步，要大大地表扬他们，拉近与他们的距离，实现心灵沟通，让他们感受到自己的进步得到了老师的肯定。

2.树立好在学生中的威信

师生关系在原则上是平等关系，当然这种平等指的是在人格上、法律上以及真理面前的平等，但师生角色的差异和分工是绝对不同的。老师是授教者，是引导学生健康成长的人，要肩负起学生成长的引路人的责任，在教育教学中不能随意地对待学生，要在学生中树立威信。

“学高为师，德高为范”，要想树立好在学生中的威信，首先是要注重老师自身的素质，形成良好的人格魅力；其次是要有扎实的专业基础和教育教学技能；最后在对待学生上要公平公正、讲究原则、信任和尊重学生、与学生保持适当的距离。

所以作为老师应该有师者的威严，应该让学生觉得你是一个令人尊敬的老师，也应该得到学生的信任，让学生愿意在你那里接受指点和帮助。

二、君子之交，与家长保持适当距离

为了更好地进行带班，不仅老师与学生之间要有适当距离，老师与家长之间也要有适当的距离。

1.使用好家长微信群

作为“老班”，我当然知道要带好班、教育好学生，就一定要与家长处好关系，但也要把握好与家长相处的度，不适合太亲密，也不能冷漠对待，做到君子之交，那是最好的状态了。现在的班级都有家长微信群，大家用这个群布置作业、发通知等，快捷又方便。群聊既然是老师与家长的沟通桥梁，那么我们就要好好地利用这个家长微信群，趋利避害。

群里我们要面对几十个家长，我们所发的很多信息都是面对全体的，因此在编辑信息的时候一定要做到普遍性，说话要有理也有情。绝对不能在群里与家长吵架，当然也不宜在群里跟家长称兄道弟或好姐妹式地相处。不在群里批评学生，更不能点名批评，因为在群里批评孩子就是批评家长，容易拉开老师与家长的距离。多发班级活动的照片、表扬学生的信息，表扬时不能只有个体，也要兼顾群体，让家长认为我们对学生是公平的，而不只是重视几个学生。这样才能赢得大部分家长的信任，关系也会好，家长会更配合老师的工作。

2.把握与家长的私聊尺度

孩子是一个家庭的未来，承载着长辈的厚爱和期望，在每个家长眼里自己的孩子都是独一无二的。家长对孩子有很高的期望值，希望学校的老师能通过教学育人实现这一期望。很多家长会主动与老师联系，特别是接手新班，刚加入班级群，家长就要老师的电话号码、私加微信好友。

近几年我都是教六年级，所以每年都是接手新班，每到开学季，我就会被家长们的私信轰炸，有恭维的话，也有直接让我多关注某同学的话。我都是一视同仁地回复：我会关注每一位孩子，用心教育，等等。

去年班里有一位家长，她就特别喜欢跟我私聊她的事。刚开学她私加我微信时，第一句话就是：“老师，你好。我工作特别忙，自己打理工厂，没有很多时间管孩子，麻烦老师你多费心了。”原来这孩子确实是放任自由型的，上学懒散，总是最后一个到学校，上课经常打瞌睡，作业也是随便应付，甚至不完成。

有一次，我打电话给家长，想跟她好好聊聊孩子的情况，这家长听我说完后，直接来一句："老师，我今晚帮你好好看着她写作业。"我当时有点懵了，怎么成了帮我了呢？我立马更正说："欧阳妈妈，我知道你工作忙，工厂是你自己的，孩子也是你自己的哦。你并不是帮我看管孩子，是我们要一起合力教育好你的孩子、我的学生。钱什么时候都可以赚，可是孩子的教育不能错过……"

老师与学生家长间未尝不能成为知心朋友，但仅限于"惺惺相惜""志趣相投"，不能混淆为"酒肉朋友"，更不能堕落为互相利用。学生是联系老师与家长之间的一条纽带，大家一起谈教育、谈孩子，始于学生也止于学生。

老班心语

运用刺猬效应时，我们特别要注意与人交往中给别人留空间，保持一定的心理距离。如何才能把握好这个适当的距离？这需要我们的经验和智慧去把控。当然，我们也要允许自己走一些弯路，只有一次又一次地尝试，才能在相处中，找到适合的距离，让我们取得更佳的教育效果。

08 互悦机制效应

你喜欢他，他就喜欢你

互悦机制效应心解读

互悦机制效应也称作对等吸引率，是指人们通常所说的两情相悦，在人际交往中，这是一种很自然的心理规律。在人际交往中，如果你想得到人们的欢迎，或者让人们支持、同意你的观点、行为，仅仅提出良好的建议是不够的，必须让人们喜欢你。

链接中国智慧说

“爱人者，人恒爱之；敬人者，人恒敬之。”孟子这句话的意思是爱别人的人，别人也爱他；尊敬别人的人，别人也尊敬他。俗话说：“将心比心，以心换心。”意思是用自己的好心，换取别人的好心；将自己的心思，比较别人的心思。人应该设身处地，多为别人着想。这些经典名言就是中国人几百年来与人相处的智慧，是互悦机制效应完美的诠释。

一线带班心智慧

在教育教学中也是这样。例如，对于某个学生而言，如果他发现自己喜欢的一位老师恰好喜欢他，他会越来越觉得该老师可敬可爱，从而喜欢该老师所教的这门学科，听从老师的教诲。

作为班主任，我们可以把互悦机制效应运用到带班工作中，帮助我们实现师爱生、生爱师的和谐师生关系，从而促进我们的教育教学效果。

一、关注“优生”心理，让喜欢蕴于信任

“优生”就是我们常说的优秀学生，他们一般是学习上成绩优异，思想上追求进步，品学兼优，出类拔萃的学生群体。他们在学校是老师们最喜欢的学生，是同学们羡慕的对象。长期处在“金字塔”顶端的“优生们”很少品尝失败和被批评的滋味，这就使得他们对挫折的心理承受力相对比较弱，一旦遇到一些“打击”，往往情绪低落、悲观失望。在对待“优生”上，班主任应该多关注他们的心理、为他们减压，相信他们的能力，也要引导他们正确对待遇到的困难与挫折。

案例链接：

充分信任，解优生心结

小何是我前年所带的605班一名品学兼优的男生，课堂上看到他那端正的坐姿和那充满求知欲的眼神，老师们总是忍不住表扬他。

可是，开学后的第四周，小何却因为小吴同学说他“一道简单的题目都做错”这样的话，而发怒推翻小吴的桌子。我相信这事另有原因。于是，我找来了小何，抱着他的肩膀问：“老师相信你这么生气肯定不只是因为小吴一句嘲讽的话。你愿意跟老师说说吗？老师很想听听。”“他很令人讨厌，经常说我，打扰我学习，说话又大声，对着我说话的时候还把口水喷到我脸上。”他情绪稍微稳定下来，哭着跟我说出了心中的积怨。

原来小吴这一句话只是一根导火线。我让小何坐下来，然后跟他

说："如果你不喜欢他，可以少和他接触。人与人是不一样的，你很优秀，学习很认真，但是你看班里有叶同学这样成绩差又调皮的同学，也有篮球打得特别好却不好好写作业的杨同学……我们不能要求每个人都是自己心目中喜欢的样子，也不能因为讨厌别人就推翻人家的桌子或者是打别人。老师看你现在情绪稳定了，你觉得老师说的有没有道理呢？""老师，我好好想想。""好的，老师相信你能做出正确的判断。"

第二天，我没有等来小何的答复，却听到他不肯来上学的坏消息。他妈妈跟我反映：孩子回家说无法静下心来听课，上课耳朵总是感觉嗡嗡的，老师说啥自己听不清。后来几天他都以这样的理由不来上课，妈妈带他去医院检查了，医生又说耳朵没事、头也没事。我想，那就是心里有事了。

在那期间，我每天与他妈妈沟通，安慰他妈妈，让妈妈一定不能在孩子面前表现出焦虑，而是要信任孩子。我也每天发信息跟他聊天，肯定他能正面看待自己的问题，开导他即使他现在暂时解决不了这个问题，也没关系，就算是逃避问题也是正常的，任何人都不是万能的，不要责怪自己……开始的时候他不回我的信息，我还是坚持每天发两三条这样真诚的信息给他，表达自己对他的肯定与信任，告诉他老师对他的喜欢不会改变。

一个星期之后，小何回来上课了。我先找来小吴沟通，然后把他俩叫到一起，让小吴先为自己不尊重同学的行为向小何道歉，并告诉小何也要为自己推翻桌子的冲动行为向小吴道歉。他们互相道歉后，我跟他们晓之以理、动之以情地聊天，消除他们之间的隔阂，让他们知道彼此存在的问题以及懂得如何处理双方关系，同时也让他们都知道要为自己的行为负责任。他们互相道歉后，小何终于放下了心里的负担。

我对小何的信任，最终换来了他对我的信任。他克服了心理难关，重新做回"学霸"，他也越来越尊敬和喜爱我了。

二、挖掘“中等生”的闪光点，让喜欢溢于言表

有经验的班主任都知道，班级管理的经典是“抓两头，带中间”。中等生一直以来都容易被老师和同学忽视。殊不知，这类学生才是班里最庞大的一支队伍，但是这类人平时却是表现平平，上课举手发言、参加各种比赛、期末评“三好”等似乎都跟他们无关。久而久之，这类学生就会产生懈怠心理，放弃自己追求上进的决心。

其实中等生也和其他学生一样，渴望进步，渴望得到老师的关注和喜欢，渴望得到同学的帮助。这样的学生很好教育，只要我们稍微拉一拉他们，常常关注他们，他们便会跃上枝头，飞进优等生的行列。

怎样关注他们呢？课上，我会有意无意地按照学号或者座位号轮流提问、答题，以便挖掘那些默默听课的中等生的学习潜力。课后，我也会有空就找一两个平日里不怎么跟老师接触的中等生帮忙做点力所能及的事，以便加深对他们的了解，从中发现他们的优点，挖掘他们的潜能，根据他们的能力给他们安排一些班干职位，发挥他们的作用。我在改作业时，特别是改作文、日记的时候，总会在日记里与他们沟通，发现好的作业特别是中等生写得好的作业一定在班里和家长群里大力表扬。在我的用心关注下，这群庞大的中间队伍慢慢地在班里显露头角。这不但提高了全班的学习成绩，还带动了班里良好的班风班纪，有一些中等生还成了我的得力助手。

三、激励“待优生”的信心，让喜欢促进转变

“待优生”就是平时让大多数老师头痛的那一类双差生，是老师们最关注的群体。我们要去发现这类学生“待优”的原因，学习跟不上是因为基础差、学习目标不明确，还是学习方法不恰当？或者是因为家长忽略了孩子，监督管理不到位？品行不端，是因为从小习惯不好，父母娇宠，还是因为孩子成长阶段缺乏关爱，所以靠违反纪律引起他人关注？

想办法找到了原因，我们就要想办去帮助他们。如学习跟不上，我们就要加强学习方法指导，耐心地给他们辅导：课堂上有简单的题目可以提问他

们，给他们表现的机会；作业面对面批改以便及时指导更正；给他们配优秀的学生进行“一帮一”学习。这样每天坚持，他们每天都有收获，学习肯定会慢慢进步。我们要抓住他们的进步点表扬，例如作业全做对了、单元测验进步了、每天坚持学习了，等等。他们的进步得到了老师的表扬，学习的动力就更大了，对自己也更加有信心了，同时也会喜欢上帮助他们、表扬他们的老师和同学，师生关系就会变得融洽起来。

对待那些爱搞小动作、习惯不好的孩子，不是老盯着他们的缺点，而是去发现他们的优点与进步，并及时表扬与鼓励，让他们感受到老师对他们的关爱与喜欢。

例如上课爱说话、下课爱追逐打闹，经常与同学发生矛盾的小豪同学是个运动爱好者，篮球打得特别棒。我就跟他说：“老师最喜欢看你打球时专注的、全力以赴的样子了，感觉特别帅气，特别有活力！老师希望每天都能看到这样的你！”他就会豪爽地回答：“好的，老师。”虽然他也还是会像以往一样经常控制不住自己，但他调皮捣蛋时我一个眼神过去，他也能意会了。给他时间，耐心等待，他慢慢地就朝着好的方向成长。一年下来，他进步了不少，那个与同学睚眦必报的他，变得在球场上也能向对方球友说对不起了。

老班心语

要我们喜欢上每一个学生，确实不容易，但当我们回归教育的初心，就会发现，最重要的是陪伴学生身心健康地成长。每个学生都是在犯错中成长的，每个学生的潜力都是值得我们去挖掘的，每个学生都是需要点亮的。告诉所有的学生，他们是被接纳的，是被喜欢的。也只有这样，学生才能接纳你、喜欢你。当他们的小缺点不再是刺眼的，他们的优点就会被放大。这也正是“互悦机制效应”的内涵所在——当我们发自内心地喜欢每一个学生，学生也会真心喜欢上我们，听从我们的教导。

家校共育篇

JIAXIAO GONGYU PIAN

01 习得性无助效应
天生我材必有用

习得性无助效应心解读

“习得性无助”是指，当人们在现实生活中屡屡遭受挫折时，他们会对自己的能力产生怀疑，丧失信心，感到压抑无望，并主动放弃机会，这种心理现象就是习得性无助。“习得性无助”是“习”得的，不是天生的。是经无数次的打击后才慢慢养成的。“习得性无助者”对失败的恐惧，往往大于对成功的渴望。

链接中国智慧说

汉·刘向《说苑·谈丛》：“一蹶之故，却足不行。”跌了一跤，便缩回脚，再不敢迈步。后来延伸出成语“一蹶不振”，比喻受到挫折就再也振作不起来了。“再衰三竭”出自《左传·庄公十年》：“夫战，勇气也，一鼓（击鼓）作气，再而衰，三而竭。”形容士气逐渐低落，力量逐渐衰竭，不能再振作。这些传统的说法正是“习得性无助”的概括。

一线带班心智慧

班上的后进生，由于成绩长期处在班上的末尾，“闪光点”不明显，所以他们容易缺乏自信，产生自卑的心理。对学习和生活感到自卑的他们，往往对自己持否定的态度，变得沮丧气馁，久而久之便会放弃自己，掉进“习得性无助”的漩涡。另外，他们对于人际关系的处理也是比较糟糕的，身边的朋友不多，父母给予的关心和支持也不足，他们会封闭自己的内心，变得内向怕事。

作为班主任，在带班时，我们应当充分认识到“习得性无助”的负面影响，运用自己带班的智慧去反向使用这个心理效应，帮助学生重拾信心，建立良好的人际关系，让他们克服学习和生活上的“习得性无助”。

一、教会学生正确“知己”

1.正确审视，积极评价

产生“习得性无助”的学生通常已经习惯了做“为别人鼓掌”的人，不能看到自己独特的优点和闪光点，总觉得自己做什么都不行，没有成就感，容易自我放弃。

作为班主任，首先，可以通过班会或体验式活动让学生明白，每个人都有其优势，有的是学习上的优势，有的是才艺上的优势，有的是性格品质上的优势……引导学生找到自己的优势所在，使他们正确认识自己，审视自己。其次，我们要善于发现学生的“闪光点”，对学生进行及时鼓励和表扬，让学生意识到原来自己也有自己独特的优点，从积极性的评价中，一步步提高自信心。最后，我们也应该鼓励学生用积极的态度评价自己，多做过程性评价，让学生意识到“天生我材必有用”的道理，学会悦纳自己的不足，懂得欣赏自己的独特之处。

2.避免比较，找准价值

我们常常听到一些父母拿自己的孩子和家里的同辈成员或者亲戚邻居家的孩子进行比较，总是在不同的场合一边夸别人的孩子聪明、能干、优秀，一边贬低自己的孩子。时间久了，这种不合理的比较就会使孩子产生一种“习得性无助”的心理，他会认为就算自己再怎么努力，也不会得到父母的认可，也不可能得到父母的鼓励和夸奖；父母只会看到其他孩子聪明优秀，看不到自己的任何优点。

作为班主任，我们自己不要有这种偏颇的行为，同时我们应该引导学生正确地看待这种比较，懂得不以他人的评价来评判自己的成功与失败，不与他人争高下。另外也应和学生的父母进行沟通，避免家长进行这种不科学的比较，引导家长多鼓励学生，真诚地告诉孩子：“你也有自己的优点和长处，不必和别人比较，你是独一无二的！”这样的交流就会帮助孩子在内部形成一种激励机制，让学生将目标调整到对知识和现实世界的探索、发现、理解和掌握上。

案例链接：

我们一起来鼓励，让孩子更自信

我曾经教过一个叫小豪的学生，因为成绩差，他非常自卑。在面对其他同学的眼光时，他总是畏畏缩缩；上课也是在角落里耷拉着脑袋，不愿意举手发言；平时的作业也是马虎对待，字迹潦草。

面对小豪这样的学生，我感到十分头痛。一方面担心他的成绩，另一方面担心他的心理会产生问题。于是，我改变了以往狠抓成绩的办法，从学生的心理入手，去关心他，让他感受到温暖。通过和小豪及其父母的交谈，我了解到原来小豪的父母也十分担心小豪的成绩，但却认为小豪成绩不理想是因为小豪不用功。每次检测的成绩发下来后，小豪的父母免不了会把小豪与亲戚家的孩子做一番比较，并责备批评他的学习态度。久而久之，他失去了自信，认为自己就是笨，再努力也是白费功夫，看不到希望，意志消沉。

为了让小豪重拾信心和斗志，我从两方面入手，一是多去发现他的闪光点，对他进行鼓励和表扬，提高他的自信心；二是与家长沟通调整，避免不合理的比较。我留意到小豪有运动方面的特长，在校运会来临之际，我私下找他聊天，鼓励他参加比赛。听到我的鼓励，小豪起初是一脸惊讶，然后又有一点欣喜，脸上露出了羞涩的笑容："老师，你觉得我真的可以吗？我有点害怕，你还是选择其他人去比赛吧！"我紧握着他的手："不用害怕。老师相信你，勇敢参赛，不用太在意胜负的。"之后，每天下午放学后，操场上总会出现小豪奋力奔跑的身影。比赛当天，站在跑道上的小豪很紧张，双手不停地搓着，额上冒出许多汗珠，我带领着班上的学生一起给小豪加油鼓劲。功夫不负有心人，小豪拿到了跑步比赛的第一名。站在领奖台上的时候，小豪不时地看向我，我向他竖起了大拇指，为他感到骄傲。

自从小豪拿了这个冠军，同学们看待他的目光变了，他也变得比以前自信了，愿意和其他同学交朋友了。课间我找到他，笑着和他说："小豪，你可以在跑步比赛上拿第一名，证明你是优秀的。同样，在学习上，老师也相信你会努力，不断进步的！"小豪脸上挂满了疑惑，但还是回答了我："嗯，我会尽力的。"

这次比赛的胜利，让他有了成功的体验感，变得比以前自信了。为了让小豪变得更加自信，学习成绩有所提升，我和家长进行沟通合作，多方面鼓励表扬小豪，让他有信心面对学习上的挑战。

我和小豪的妈妈沟通，首先肯定了他跑步比赛的成绩，并建议父母不要给孩子太大的压力，避免在学习上把小豪与其他同学作不合理的比较，以免打击他的自信心。家长和老师一起多发现他的进步和优点，并且鼓励他，使他建立自信心，维护他的自尊心，让他感受到我们对他的信任，而不只是压力和批评。

我试着让小豪妈妈晚上陪他做作业，并鼓励他认真完成作业。第二天，小豪的作业进步不少，虽然字的笔画依旧歪歪扭扭的，但他的字体工整了很多，我在全班同学面前表扬了他的进步，还让同学们给他送去了鼓舞的掌声。

晚上回家时，小豪妈妈就说："阿豪，班主任老师今天打电话来说你的书写进步很大。今晚你要加油，争取把字写得更漂亮！"（这是我和小豪妈妈提前沟通好的做法）此时，老师和同学的掌声、妈妈的鼓励悄悄地在他的心里激起了涟漪。

我抓住这个契机，鼓励小豪在学习上花功夫。在家长和我的反复鼓励和表扬下，小豪上课认真了许多，成绩也开始有了很大进步，一切都开始走向正轨。

几个月过去了，在期末考试中，小豪终于及格了。拿着试卷的小豪向我报喜，眼眶红红的。他笑着和我说："我终于做到了！原来我并不比其他同学差。"那一刻，我知道他已经发生了一个巨大的蜕变。

二、引导学生正确归因

很多学生产生习得性无助心理，往往是因为他们遇到挫折或打击后进行的错误归因：我做不好的，我没有能力，我不行的。而正确归因应是观察者对他人或自己的行为过程进行的正确因果解释和推论。所以班主任要及时了解学生的归因倾向，如果是归因于自己努力不足这种积极的态度，就鼓励继续保持；如果归因于自己能力不足这样消极的想法，班主任就要及时引导学生纠正归因。我们要通过主题班会培养学生积极"自我归因"能力，比较正确归因与错误归因对自身的影响，从而使学生明白正确归因的重要性。当学生意识到并不是因为自己的能力不足而导致失败的时候，他们的挫折感会没有那么强烈，进而会尝试去挑战困难，慢慢地进步。

我曾经带过一个学生，在几次检测中他都有了明显的进步，但却始终达不到及格的等次，意志也有点消沉，常常自责。这时，我就安慰和鼓励他，接着分析失败的原因，并对他进行心理疏导，让他明白考试的失利不只是因为自身能力的问题。通过这样的方式，他也慢慢地学会了正确分析失败的原因，不再像以前那样把失败的原因都归纳在自己的能力上，心理的包袱减轻了，就恢复了学习动力。

三、助力学生体验成功

有习得性无助心理的学生感受最多的往往是挫败感，对自己的不自信使他们不敢尝试，从而很少体验到成功的愉悦，也很难发现自己的优势。所以我们要鼓励他们积极参与多种多样的活动，或根据学生的实际情况给他们创造一些舞台，让他们从中获得成就感，找到奋斗的目标与方向。

学生参加社会实践活动，可以放松身心，开阔视野。带学生到校外的大课堂接近社会、亲近生活，让他们到大自然中去尽情释放，以寓教于乐的形式促进学生学习，开阔学生视野。同时，学生通过亲身感受实践活动，可以在活动中收获喜悦和成就感。例如，在“护安护畅”的志愿者活动中去帮助别人。这些实践性活动对他们自信心的建立也是有极大帮助的，有利于克服他们的自卑感。我们可以跟家长沟通，让他们留意适合孩子的社会实践活动，带着孩子去体验。我们也可以帮忙多关注此类社会实践活动，将有益的活动推荐给家长，建议其让孩子参加。

老班心语

我们在带班过程中，要信任学生，多从学生的角度换位思考，了解学生产生习得性无助心理的深层原因，帮助学生一步一步走出困境。要想学生摆脱“习得性无助”，班主任还要避免操之过急，因为学生这种心理往往是经过多次失败累积而成的，因此无法一下子改变过来。除了动用自身的力量，还应与家长联合，进行家校合作，共同为学生的成长保驾护航。

02 自己人效应
当你是自家人，班级就好管了

自己人效应心解读

在人际交往中，如果双方关系良好，一方就更容易接受另一方的某些观点、立场，甚至对对方提出的难以接受、难为情的要求，也不会太直接拒绝。这在心理学上叫作“自己人效应”。例如，同样一个观点，如果是自己喜欢的、敬佩的人说的，接受起来就比较快和容易；但如果是自己讨厌、敌对的人说的，就可能会本能地加以抵制。俗话说：“是自己人，什么都好说；不是自己人，一切按规矩来。”

链接中国智慧说

“亲其师，信其道；尊其师，奉其教；敬其师，效其行。”这是我国古代第一本教育专著《学记》中的一句话，意思是师生关系和谐，学生就会愿意亲近老师，心悦诚服地接受老师的教育；尊重自己的老师，并且信奉老师的教导，听从他的教诲；敬佩自己的老师，以老师为榜样，遵循他的做法。这一语道破了良好的师生关系对于教学的重要影响。这种教育思想正是“自己人效应”的概括，是中国传统教育的智慧结晶。

一线带班心智慧

班级是人际关系的场所，也是老师“传道、授业、解惑”的主阵地。班主任进行班级管理时，如果能灵活运用“自己人效应”，往往可以收到事半功倍的良好效果。

一、“咱们是一家人”，建设良好班级文化氛围

班级文化建设是班主任工作的重中之重，也是班级管理的“大工程”。学生是否信服班主任的管理，组成一个优秀的班级“大家庭”，这很考验班主任对“自己人效应”的运用能力。

1.用心营造家庭氛围，形成团队意识

要完成系统的班级文化建设，首先要增强班级的凝聚力，让每个学生心里都要有“咱们是一家人”的想法。如果新接班或者发现班级的凝聚力不强时，要在开学初就开展“咱们是一家人”的主题班会或者主题活动课。提倡用体验式活动课的方式，让学生在体验课中真正感受团结的力量，认真学习合作的方法，如“不倒森林”“蜈蚣翻身”等活动。在体验中学习，在学习中成长，让每个学生感受到班级就是一个大家庭，大家都是一家人，把“都是自己人”的意识深深烙进心里。

为了进一步拉近师生距离，班主任应该多渠道地创设机会，让师生有更多接触与交流情感的机会。比如学校放假了，如果自己家庭条件允许，可以邀请这学期表现优秀或者有进步的学生到家里做客，一起吃饭、一起看电影、一起聊天。这个招儿看起来很俗，但确实收效甚好。这样的师生活动，很容易让学生在“家庭氛围”中产生“我和老师是一家人”的亲密无间的情怀。

2.积极参与校园活动，增强付出意识

我们不仅要在口头上会用“自己人效应”，更应在行动中落实“自己人效应”，我们要充分利用好校园活动，让学生心悦诚服。学校运动会是学生展示自我的大舞台，是凝聚班级力量的大磁场，是宣扬班级文化的大展馆。班主任可以运用好“自己人效应”，引领全班学生团结一致。很多时候运动会的主

角是运动员，旁观的啦啦队员以及其他非运动员容易被忽略。我们要营造浓厚的运动氛围，让大家萌生“人人有责，个个贡献”的意识。我们可以把不参赛的学生分成教练组、陪练组和后勤组。教练组和陪练组为运动员赛前准备提供有力保障，后勤组的主要任务包括通信联络、拿衣送水、呐喊助威。比赛时，每一个运动员都会有相应教练、后勤小组进行贴身服务，这样班级里的每一个学生都能融入运动会中，感受到自己不同的价值。比赛结束后，所有的成绩属于每一个付出的学生，我们要及时做好总结，对运动员和非运动员进行表彰，为他们制作精美的、个性化的获奖纪念证书，写上富有正能量的激励话语，并在家长群里公布相关信息，引起家长们的自豪感。在一场运动会中，每个人都是班级大家庭的一分子，每个人都有贡献、有收获。这样，班级凝聚力就更强了。

二、“咱们是自己人”，让学生敢于认错并知错能改

班主任在管理班级的时候，常常碰到一些比较棘手的事件，这时候非常考验我们的智慧。比如，班级出现财物被偷拿的现象，学生向我们“报案”后，我们应如何处理呢？这种事情，可大可小，若是处理不当，会给班级的管理带来负面影响。老师可能很快就能锁定“嫌疑人”，但如何跟“嫌疑人”打交道，才能让“嫌疑人”坦白承认呢？这时候我们不妨用自己人效应来处理。

班主任可以把所谓的“嫌疑人”带到一个安全的保密空间，然后温和真诚地告诉他：“每个人都会犯错，但犯错不要紧，重要的是能认识到自己的错误，并勇于承认错误，勇于改正过来，这样才能更好地成长。我是你的班主任，当你遇到困难、麻烦时，我肯定会站在你这一边帮助你的。当然，你的秘密，老师也是会为你保守。老师也相信你是个敢于承认错误、知错能改的好学生。”这样的交流会让学生觉得老师是自己人，不会出卖自己，有足够的安全感，这个时候他会愿意承认错误，也会有改正的动力。

三、“咱们是自己人”，让家长平心静气地配合工作

班主任是学生、家长与学校之间的桥梁。在与家长沟通过程中，我们往往会遇到对方的指责、拒绝、抱怨、投诉，甚至攻击，因此，掌握谈话技巧对我们来说尤为重要。有的家长知道自己的孩子在学校遇到一些不公平的待遇后，就会不问青红皂白，直接打电话甚至第一时间闯入学校向班主任讨“公道”，这时候非常考验班主任的“外交技巧”。要想及时化解家长的不满，我们要懂得运用好“自己人效应”，站在家长的角度，理解家长的心情，懂得站在家长的角度去想问题、去沟通，这样家长就会觉得老师是自己人，就会信任你，会真诚沟通，从而降低激化矛盾的可能性。

案例链接：

当好劝架人，化解家长间矛盾

下午放学已有半小时了，我收拾办公用品正准备回家时，突然发现班级走廊传来争吵声。我循声走去，看见我班两位同学的家长正在对骂，甚至有动手打架的势头。两孩子在一旁呆若木鸡，既害怕又无奈，气氛甚是紧张。女孩的爸爸看起来很凶，很有攻击性；男孩的奶奶也不示弱，说的每句话都很毒辣。

我快步走过去，严肃地问他们：“两位家长，你们是想要解决问题，还是想继续争吵下去？”他们都迟疑了一会儿，停了下来。我紧接着说：“你们的孩子都是同一个班级大家庭的自己人，孩子是你们的，也可以说是我的。我是孩子的班主任，如果你们信任我，就让我来处理这件事情。”他们点头表示同意。我先把两个孩子带离吵架的现场，找了一个安静的角落与他们进行谈话。

我对两个孩子说：“究竟发生了什么事情？”两个孩子老老实实地把事情都说了一遍。很快，事情的来龙去脉就清楚了：刚开始是女孩子想逗男孩玩，碰了他一下。男孩很生气，以为女孩故意打他，于是把

女孩的钢笔抢过来，结果不小心弄坏了。女孩拿着笔边哭边打男孩子，男孩也很用力地回打了女孩几拳。女孩边哭边用手表电话向爸爸求救；男孩子也打电话给妈妈，刚好奶奶在旁边，一听孙子被打，顿时火冒三丈，急忙跑来学校要说法。确定双方都有过错之后，我心中有了主意：我先让孩子各自找出自己错在哪里，问他们如果可以重来会怎么样处理；接着让双方平心静气地向对方道歉，同时让他们从这次打架的事情里吸取教训。

孩子的问题解决了，接着我叫双方情绪较稳定的妈妈过来，把事情的来龙去脉说清楚，妈妈也是互相体谅道歉，然后再让孩子各自去跟情绪最激动的奶奶和爸爸说清楚，并分别向自己家长道歉，让他们放心。最后我跟双方情绪最不稳定的家长谈，让他们明白：自己只是了解了事情的一面，以为自己的孩子被欺负，所以情绪失控，说了很多不应该说的话，这样会很伤孩子的感情。孩子之间的问题，我们处理好了才能促使孩子更好地成长。最后本来像仇人一般的两家人互相道歉，双方握手言和，像一家人一样高高兴兴地回家去了。

老班心语

教育面对的是成长中的学生，是人与人的交流、心与心的碰撞。强化“自己人效应”，是班级管理的成功之道。当然，要让“自己人效应”长久有效，班主任还需要做到：第一，跟学生说话交流时，一定要强调双方一致的地方，使学生真的把你当成“自己人”，这样你提出的建议就易被接受；第二，努力使师生处于人格平等的地位，你要想取得学生的信赖，先得和学生缩短心理距离；第三，要有良好的个性品质，良好个性品质是增强人际影响力的重要因素，班主任要不断提升自己，加强良好个性品质修养，最大限度地增强自己的影响力。

03 贴标签效应

善用正向标签，激发内在自信

贴标签效应心解读

贴标签效应是指当一个人被一种词语名称贴上标签时，他就会做出自我印象管理，使自己的行为与所贴的标签内容相一致的现象。心理学认为，“标签”具有定性导向的作用，无论是“好”是“坏”，都对一个人的“个性意识的自我认同”有强烈的影响。给一个人“贴标签”的结果，往往会使其往“标签”所暗示的方向发展。

链接中国智慧说

北齐颜之推《颜氏家训·慕贤》：“潜移暗化，自然似之。”潜，意为暗中。默，指无声无息。意思是说人的思想、性格在不知不觉中受到感染、影响而发生变化。“耳濡目染”同样告诉我们“个性意识的自我认同”有强烈的影响作用。

一线带班心智慧

一个人被贴上了特定的标签之后，他会不自觉地管理自己的行为，最终让自己的行为和标签保持一致。贴标签效应有正反作用，我们要注意避开反作用，用好正作用。在班主任的带班管理工作中，善用正向标签，有利于学生个人自我认知的正向发展，更有助于班级正向管理目标的实现。

一、常用贴标签效应，打造优秀班集体

一个人的认知，可能因为一个“标签”而发生实质性的改变。一个班的改变，亦是如此。当班上的孩子认为自己的班级很优秀的时候，他们就会有种油然而生的自豪感，继而会在各种各样的活动中努力付出，为这个优秀的班级做出自己力所能及的贡献。因而，班主任在接到一个班级后，就要常用“贴标签效应”，把“优秀班集体”五个字慢慢植入每一个孩子的心田，为后续管理和开展工作打下良好的基础。

1.发掘优点，形成优秀班级标签

接班初期，班主任就应该树立班级共同体的意识。同时，从孩子们点点滴滴的行为表现中找到他们的“优秀点”，特别是去发现成绩或行为表现不太理想、欠缺自信的学生的“优秀点”。比如在我们班：小然做事热情高，小许劳动积极且有方法，小瑜学习能力强，小恒乐于助人，小廖管班有高招，小石书写漂亮，小轩善整理，小尹葫芦丝吹得好，小铭弹钢琴很动听，等等。找到学生的“优秀点”之后，我把它们集结起来，然后做成课件亮出来，告诉学生：“我们班也是一个优秀的班集体，每一个同学都是优秀的学生，各有各的闪光点。我们要发扬自己身上的优点，取长补短，这样我们就会变得更加优秀。而集结了大众优点的我们班就更有竞争力，就更优秀了。”

2.精神引领，内化优秀班级标签

每一个班级都有自己的特点，班主任要根据班级实际的情况，来确定育人的方向。只有明确了育人方向，定好班规、班训，才能更好地制订阶段和整体育人目标，才能设计对应的活动，引领学生往我们希望的方向前进。就我们“四叶草班”来说，在“四叶小草，向上生长”这一大主题的指引下，不管是在哪个阶段、哪个活动中，我都不忘抓住每一个细小的教育点去传递一个信

号——“我们是一个优秀的班集体，我们班的每一个同学都很优秀，都积极向上，都在努力成长。”这样，慢慢地，通过一个个活动、一件件小事、一张张奖状、一个个奖杯，优秀班集体的印象会深入同学们的心中，内化于心，外化于行。

二、善用贴标签效应，你就是如此优秀

每个人都渴望被肯定，如何实现让每个学生都看到自己的优点，是启迪引领他们健康快乐、积极向上的关键。所以，成功打造好班级文化后，我们要用善于发现的眼睛，从具体细节中去发现每个孩子的闪光点和出彩之处，记在心里，挂在嘴边，展现在集体里。

比如：某个孩子跳绳特别出彩，他就是我们班的“跳绳王子”；某个孩子画画很厉害，他就是我们班的“小画家”；某个孩子劳动时特别注意细节，细致入微，他就是我们班的“劳动先进个人”；某个孩子非常爱动脑，善于思考，他就是我们班的“思考者”；某个孩子很善于整理桌柜，他就是我们班的“整理达人”……班上的每一个孩子总能找到一个或多个属于自己的闪光标签。平时，班主任只要找准机会，进行私下夸、人前夸、小展示，孩子们就会以自己的出彩之处为荣，就会朝着“标签”的方向做得更好。同时，也能从身边的小伙伴中习得其他的榜样力量，从而不断完善其身。而当这些标签都被点亮发光的时候，这个班级就成了璀璨无比的星空。

当然，孩子也会在生活中感受到失败和挫折，信心可能会降低，变得消极，这种情况也可以通过自我贴正向标签去调整。比如班主任可以引导、启迪这些孩子给自己一定的心理暗示，例如“我很优秀”“我很有竞争力”“我一定可以”等正向标签，激励自己，让自己变得更有力量。

三、巧用贴标签效应，构建家校共同体

无论是学校教育还是家庭教育，都是为了同一个目的——培养出优秀的孩子。如何让家长能更好地配合我们的工作？用好“贴标签效应”，就是一个

不错的方法。

教育成功的根本，在于教育者和被教育者内心的坚信——可以！可为！可达！当孩子出现问题，班主任需要和家长沟通的时候，需要传递的是孩子是好孩子的信息——他只不过是在成长的过程中遇到了一些问题，需要我们帮助他一起分析找到原因，一起解决。同时，也要传递家长是好家长，是负责任的家长的信息——当发现孩子的缺点或不足时，总能想方设法、耐心引导去解决。这样的话，家长容易在班主任的话里感受到教育成功的可能性。同时，也会坚定地和老师站在一条道上。

案例链接：

会评价的父母才是好父母

有一次，我到小智家家访，刚一落座，小智妈妈就开始吐苦水："老师，你看看我家小智，真是奇懒无比，叫他刷刷拖鞋，不情愿；叫他干点家务活，说不关他的事；叫他学习，也是不情不愿……这么懒的孩子，该怎么教？"

没等我开口，小智妈妈继续说："这么大的孩子了，都不知道要干点家务活，太懒了！"

听到小智妈妈左一句"懒"，右一句"懒"的，我也学着她说儿子的语气说："小智妈妈，你就一个儿子，还想不到办法管教好他，还那么爱抱怨，你真是太懒了！"

小智妈妈一下就怔住了。

见她这样，于是我笑着对她说："小智妈妈，看，你是不是也不爱听这样带有负面标签的话？你都不爱听，但你却常常用这样的语气说小智。你想想看，小智怎么会心甘情愿接受呢？所以，要想孩子有所改变，你自己得先做出改变。"

小智妈妈一下子就明白了，说道："是啊，看来孩子的问题还需要从我自身的改变开始。” 接着她又追问道：“那孩子有缺点我们不能指出来吗？”

“当然要指出，但不是用‘懒’这样的标签去强化他不对的行为。我相信，孩子在家可能做得不多，但不会什么都不做。平时，当孩子主动做家务的时候，要及时表扬他，或者是当你们要求孩子做事，他认真做的时候，你们要加以肯定，这样，孩子才会有参与其中的兴趣和动力。另外，因为错过了最初的关键期，现在想要孩子做力所能及的事情，父母在这个过程中要先改变自己的语言方式，多用‘和你一起干活，真好’‘你有担当，爸爸妈妈真高兴’等这些正向标签，让它们发挥积极的指向性功效才行。”

小智妈妈答应会改变自己的表达方式，会努力用好正向标签，让孩子变得越来越好。

那次家访后，小智告诉我，妈妈改变了很多，没有再念念叨叨说他懒了，而且总会发现他做得好的地方，去肯定他，现在他和妈妈的关系变好了。而小智妈妈也时不时会在作业登记本上给我反馈：“现在小智比较乐意做事了”“对家务的参与度高了”。根据后续的观察和不断跟进肯定，小智现在已经慢慢地把“有担当”“会合作”发挥到家庭生活当中了。

老班心语

如果我们用好了贴标签效应中的正向标签，对教育教学就会有非常积极的作用。但事实是我们很容易发现学生的缺点，却很难发现闪光点，特别是一些淘气的学生。很多老师会认为他们一无是处，没有优点。这种情况下，正向标签将根本无从贴起。所以，我们要注意细心观察，尽可能地去发现学生的闪光点。同时，也需要用心去创造机会，让这部分学生有闪光时刻，再发自内心地去赞美孩子，给他贴上符合他个人特点的正向标签，反复强化，坚持让他看清并认定自己的优点，真正激发内在自信。

04 糖果效应
耐心等待，更有力量

糖果效应心解读

糖果效应也叫延迟满足效应，是指一种甘愿为更有价值的长远结果而放弃即时满足的抉择取向，以及在等待期中展示的自我控制能力。棉花糖实验表明：那些能够忍住不吃棉花糖的孩子，后来在人生的道路上获得的成就更高。延迟满足能够锻炼孩子的自我控制能力，也能增强孩子的意志力。

链接中国智慧说

中国有句俗语说得好：“心急吃不了热豆腐。”它告诉我们要懂得忍耐等待。“小不忍则乱大谋”出自《论语·卫灵公》，意思是小事情不能忍耐，就会败坏大事。在人成功的道路上，如果不能忍耐一些让我们不舒服的小事情，就会影响最终目标的实现。懂得忍耐，就是掌握了超凡的人生智慧。

一线带班心智慧

自我控制能力是个体在没有外界监督的情况下，适当地控制、调节自己的行为，抑制冲动，抵制诱惑，延迟满足，坚持不懈地保证目标实现的一种综合能力。人与人之间，自我控制能力存在着一定的差异。如果延迟满足能力发展不足，学生上课时会东张西望做小动作，不遵守课堂纪律，放学后贪玩不回家，总是不完成作业等，性格容易急躁、缺乏耐心。进入青春期后，在社交中容易羞怯固执，遇到挫折容易心烦意乱，遇到压力就退缩不前或不知所措。所以，我们要想办法发展学生的延迟满足能力。

一、奖励巧延迟，效果更出奇

如果学生的种种欲望总能及时不断地得到满足，他们就不愿意付出更多的努力，他们的意志力、控制力、注意力等就会失去锻炼的机会。如果一个人不懂得延迟满足，不但耽误工作，还往往会让自我有非常强烈的挫败感。比如打算晚上十点上床睡觉，可还是因为看电视剧或刷手机而耽误时间，这就是因看电视、刷手机等即时满足而影响了原定计划的完成。

正确的“延迟满足”不是单纯地让学生接受等待，也不是一味地压制他们对某些物品占有的欲望，而是引领学生一起克服当前的困难，以克制和努力来求得长远利益的一份制约能力。最有效的方法是不要太快或者太及时，而是延迟满足。给学生奖励的时候，不要过早用物质奖励，而是用精神奖励等代替物质奖励，或者是用让学生坚持更长时间才取得奖励的方式。奖励是有保鲜期的，如果只是一味地使用单一物质奖励，对学生来说就不会再有吸引力；如果时间很短就能获得奖励，也会很快失去吸引力。及时更新不同层次性奖励，会有更强的吸引力，然后延迟满足他们的愿望。

如从做好一件事情获得一个星星印章开始攒星星，十个星星换一个月亮，十个月亮换一个太阳。等到学期末，十个太阳可以换一个小愿望，二十个太阳就可以换一个大愿望。也就是说，这些奖励是不断叠加，不断让学生努力坚持做好每一件事。到了学期末，才能按照约定实现小愿望或者大愿望。当然，小愿望和大愿望在开学的时候就可以让学生和家长商量后合理定出。有的学生小愿望是吃一顿大餐，大愿望是买一双鞋；有的学生小愿望可能是买一条裙子，大愿望可能是和家长进行一次旅行……当然，这些愿望家长平时都是可以满足孩子的，然而把这些愿望变成一步一步的奖励，又不立刻去满足他，而是延迟实现，就可以促使学生继续努力。

二、积极参与劳动，耐心等待开花结果

劳动是幸福的源泉。农作物的种植往往根据时令来进行，这当中除了要付出辛勤的劳动之外，还需要耐心等待其生长成熟，才可以收获。因此，种植农作物可以让学生充分体验不断付出辛苦后，还要耐心等待收获成果的过程。耐心等待，是一个很磨人的考验，特别是对于已经远离农耕时代，过着衣来伸手、饭来张口的现代学生来说，是非常大的挑战与锻炼。

自控力有的是与生俱来的，有的是可以通过劳动去改造的。所以我们要抓住劳动的特点，还有找准时机去开发各种劳动项目，让学生不断去投入体验，劳动后等待收获时，真正做到延迟满足。

怎样才可以创造这样的体验呢？如果是有劳动实践基地的学校，可以把土地划分给每个班级，每个班级把它分成小块，交给班级的小组去承包。如果学校没有劳动实践基地，班级里面也可以利用好阳台、走廊、窗台，让每个学生带一盆绿色植物来装点教室。同时，要让同学们自己照顾好自己的小盆栽。阳台阳光充足、空间允许的可以买长方形的花盆，分小组种蔬菜瓜果，例如种花生、土豆、西红柿等。同时，学生在家里也可“开垦”一块自己的小菜畦或者“承包”几个属于自己的花盆，种上自己喜欢的蔬菜瓜果，在这个过程中一起去研究它，每天坚持观察，写观察日记。

浇水施肥守护植物的生长，是考验学生能否坚持的一项重要举措。分组进行劳动的时候，就是创造让学生学会等待的机会，让学生能够在等待植物生长和开花结果的过程中，学会坚持，最后收获属于自己的劳动成果。当然，也要接受劳无所获的考验，为下一次种得更好积累丰富的经验。

三、持续高效训练，延迟满足能力

通俗来讲，“延迟满足”不是单纯地让学生学会等待，也不是一味地压制他们的欲望，更不是让学生“只经历风雨而不见彩虹”。说到底，它是一种克服当前的困难情境而力求获得长远利益的能力。延迟满足能力，还需要通过

系统的训练来实现。方法很简单，关键在于持续坚持。

1.课堂短时小训练

在课堂上可以加入一些自控力和注意力的训练，如木头人游戏：一动不动坐三分钟，动了就输了，要罚站。在游戏过程中，让学生用意志力控制好自己的身体，教会学生懂得把注意力集中到自己的一呼一吸上，回到自己身体上，去觉察自己的心跳，或者感受自己的想法；也可以做注意力训练，如各种正反口令游戏等（让学生先听正口令做相应的动作，再变到反口令，这能训练学生认真聆听，并快速做出正确反应的能力）。这些训练可以在课前或者课中进行，不但训练了能力，也能快速提升课堂效率。

2.特殊学生强化训练

在班级里如果发现有性子特别急、特别暴躁，注意力不集中的学生，也可以单独和他聊聊，让他回忆自己着急时会有什么感觉，会做什么事情，做这些事情的后果是什么，思考我们能用什么方法克服。这样做主要是让学生明白自己存在不利于自己成长的因素，需要自己注意控制好自己的急躁，并教会学生如何通过深呼吸和六秒放松紧张法来调整情绪。如果学生存在比较严重的情况，要直接与家长交流，让家长在家里就要进行延迟满足的训练，使学生能够变得更有耐性。

3.提醒家长注意训练学生

在家长会上，播放棉花糖实验给家长观看，让家长明白延迟满足的重要性，并且提供方法给家长，让家长注意有意识地训练学生的耐性和定力。在家长群里，让做得比较成功的家长，分享成功经验。当然，榜样更重要，父母如果能在家里为学生做好榜样，学生照着大人的样子就更懂得控制好自己，更有毅力。

案例链接：

延迟满足，锻炼耐心

一年级的小东，是一个性格比较急躁的学生。他经常发脾气，做什么事情总是容易暴躁，从来没有耐心去做完一件事。

当他急躁、生气的时候，我教他要抓紧拳头，把力气用在握紧拳头上面，同时深呼吸，让自己慢慢安静下来，想一想，自己究竟想干什么，这样做好不好，想清楚再去做。

小东妈妈向我诉苦：孩子脾气不好让她烦恼不已。自己带他去超市，如果遇到他想要的东西不买给他，他就会大喊大叫或者满地打滚。

我给妈妈的建议是：不要孩子一闹就满足，要用延迟满足的办法。例如孩子想买自己想要的东西，告诉孩子这个目前不能买，因为妈妈这个月的工资已做好使用分配，你要买的东西要安排到下个月的预算里才行，我们需要努力工作，下个月领到工资才有钱买。妈妈需要用更多的时间努力赚钱，你自己需要独立完成自己的作业，还要帮助妈妈多做家务活，减轻妈妈的负担，妈妈才能有更多时间努力工作，才能领到工资，才能给你买玩具。

妈妈要机智地用好延迟满足，让孩子通过一个月的付出和等待才能得到自己想要的东西。这样既可以让孩子明白爸妈的辛苦，同时也可以让孩子深刻地认识到要得到想要的东西，是需要付出劳动的。况且，孩子对于通过自己的努力和长时间等待得到的玩具也会特别爱惜。

老班心语

我们想要品尝到做班主任的幸福感，就需要付出更多的努力和耐心。我们想要成为智慧型的班主任，也要想方设法锻炼自己的自控能力。当你面对一个班四五十个学生的时候，总会遇到层出不穷的难题。如果没有一定的自控力，就很容易生气失控，会让事情变得更糟糕。在学生成长路上，班主任也要学会耐心等待，明白花开会有时，只是时间不同而已。只有经得起各种考验，在一次又一次的锻炼中，班主任才能拥有更强的自控力、更强的耐心，变得更有力量、更有智慧。

05 情绪判断优先效应

要处理好事情，先调整好心情

情绪判断优先效应心解读

心理学家发现，人在判断事物时常常首先受到情绪左右，在理性之外增加情绪影响从而改变态度，这叫情绪判断优先效应。情绪的意义就是让我们在生存当中，找到有利的生存方式，远离一切的凶险。人的很多心理活动都与情绪情感密切相关，情绪情感是行为动力之一。

链接中国智慧说

《论语·颜渊》：“一朝之忿，忘其身，以及其亲，非惑与？”意思是因为一时的气愤，忘了自身安危，甚至忘了父母亲属，不是很迷惑吗？子曰：“人不知而不愠，不亦君子乎？”人家不了解我，我也不生气，不也是品德上有修养的人吗？我们的古人就懂得，人的情绪好坏不但会影响自己也会影响他人，所以控制好自己的情绪很重要。

一线带班心智慧

带着好的情绪做事就成功了一半。班主任带班时需要及时把握教育的时机，用好情绪判断优先效应，让工作事半功倍。

一、抓住先机，激发热情

新开始，新希望。在开学初，学生们往往会产生“从头来，好好学”的强烈愿望，都会跃跃欲试，希望在新学期有所作为。如果班主任把握好这个机会，往往可以达到事半功倍的育人效果。因此班主任要注意营造班级氛围，激发学生们积极向上的情绪。

比如进行班级的开学礼，仪式感不仅可以让学生对开学怀有敬畏心理，而且能唤醒学生对学习的重视和老师的尊重。班级的开学礼，可以是严肃的、激昂的，也可以是轻松的、活泼的。我们可以进行各方面表扬和颁奖，还可以分享假期见闻与趣事等，让学生情绪轻松愉悦。在学生轻松愉悦的状态下，把班级的奋斗目标向大家和盘托出，这样很容易引起大家的共鸣，激发大家齐心协力的动力！

对于刚刚进入一年级的学生来说，从以玩耍为主的幼儿园转变到以学习为主的小学，环境变了、人员变了、内容也变了，他们无所适从，情绪自然受影响。这时，班主任营造一种温暖、和谐、积极的班级氛围很重要，让学生安心，觉得这个团体像家一样温暖。班主任第一周可以带他们去参观校园，熟悉校园的每一个角落，让学生知道班级在哪儿、各个功能室在哪儿、操场在哪儿、厕所在哪儿、装水的地方在哪儿……学生熟悉了校园，安全感就会增加，情绪也会稳定下来。班主任还可以将各种规矩变成班规公约，用朗朗上口的儿歌或者三字歌，加上拍手节奏让学生更容易熟悉掌握，以便更快投入小学学习生活。

二、突发情绪，从容应对

在处理学生特别是青春期学生之间的冲突时，应等双方的情绪稳定下来，或引导其用正确的方法发泄完之后再行解决，否则容易弄巧成拙，甚至导致师生、亲子、同学间的正面冲突。因为一般情况下情绪优先于理性思维，应当先让情绪说话。

班主任在一线带班过程中，经常会遇到各种各样的突发情况，涉及的学生或者家长都会有许多负面的情绪。我们想要处理好事件，就要先处理好人的情绪。因为当人有负面情绪的时候，很难理性表达清楚发生了什么事情，也听不进别人说的话。

当遇到两个学生打架，有一个学生哭了，在没有弄清楚事情真相的时候，最好先安抚被打哭了的学生。当这个学生情绪稳定后，再了解打架事件的来龙去脉，之后才处理事件。

在班级里，通常会遇到的需要先处理情绪的情况有：伤心哭泣、生气发火、担心无助。那么，应该如何处理有这类情绪的学生呢？

1.伤心哭泣

难过哭泣的学生，可能是被欺负了、被批评了、考得不好等等。学生正在哭泣的时候，别人说什么都很难听进去。这种情况下，先把学生带离现场，找一个安静的地方让学生坐下，拍拍他的肩膀，对学生说："老师知道你很难过，如果你觉得需要哭来发泄你的情绪，那你就先哭一会儿，老师在这里陪着你。"或者是直接什么话都不说，就是摸摸学生的头，拍拍他的肩膀，安静地陪在学生身边，让他哭一会儿。当学生哭完，心情平静下来后，再了解发生了什么，并询问学生："需要老师帮忙吗？"

2.生气发火

容易生气发火的学生，情绪控制能力通常都比较弱，我们需要教会学生如何控制情绪。当发现有学生在班级里生气发火，或者大声吼叫，甚至想打人的这种情况，老师要赶紧拉住学生，平和地对学生说："我知道你现在很生气，跟老师来。"接着把学生带离现场。然后跟学生说："老师知道你很生气，来，咱们先做几个深呼吸放松放松，来吸气——呼气——吸气——呼气——，放松、放松。"引导他做深呼吸，不断重复放松口令，让学生的情绪慢慢平静下来。然后再询问学生刚才所发生的事情以及生气的缘由。当学生把事情说出来后，根据线索，找到相关联的人和目击人员一起来问清楚事情的来龙去脉，再处理后面的事件和人。

3.担心无助

丢了东西，或者是妈妈没有准时接送等情况，会让学生很着急无助，这种情况要先安抚情绪，把学生拉到身边轻拍肩膀，并对学生说："不着急，妈妈应该已经在路上了，老师先给你妈妈打电话，确认一下妈妈到哪儿了。"随后打电话，把妈妈已经快到学校的消息告诉学生，并告诉学生不用担心，我们一边看书或者写作业，一边等妈妈。

三、预防先行，小招大用

学生的情绪好坏直接影响学习和生活状态，所以班主任要及时觉察和处理学生的情绪。最重要的是要教会学生做情绪的主人，培养积极调节情绪的能力。教会学生这些方法，才能起到预防的作用。预防先行，才能避免学生情绪失控，导致问题加重。

1.书写心情小日记

建议学生给自己准备心情日记本，这一般适用于五、六年级学生。因为到了高年级，学生逐渐步入青春期，情绪波动较大，多愁善感了，同伴关系变得比较敏感。学生可以通过心情小日记，把开心或不开心的事情都记录下来。特别是不开心的时候，能够尽情书写，及时宣泄不良情绪。

2.建设情绪快乐墙

情绪具有感染性，集体积极向上的氛围需要正面情绪来渲染。班级里可以设一面传递快乐的"墙"，让学生把自己觉得特别快乐的事，或者勉励同学积极向上的话，写在便利贴上，贴在墙上，让积极快乐的氛围在班级里传递；也可以写对同学、老师的感谢，或者对同学的打气鼓励的话语。通过快乐墙，让正面情绪在班级里荡漾开来，让正能量在班级里光明正大地传播。

3.建立悄悄话信箱

可以在班级的一个角落放一个小信箱，学生遇到不开心、困惑、困难时可以写在小纸条上放进去。我们充当学生的知心姐姐，可以两三天或者一个星期开启一次。通过小纸条，我们就能及时发现班级的问题或者有问题的学生。针对普遍性问题，及时召开主题班会，及时解决。如果是学生的个人问题，老师就可以找到学生听他倾诉，了解清楚情况。如果是亲子矛盾，可以和家长沟通，搭建一座学生和家长的桥梁。如果是学习困惑，可以跟科任老师了解情况，或者是在班里面给他找小老师。如果是同伴关系出现问题，就做好调解。

案例链接：

情绪稳定，学习状态才能正常

我在信箱里曾收到一张纸条，一个女生说自己学习压力太大了，很害怕，因为妈妈要求很高，对她的努力视而不见，又总偏爱弟弟。我发现了这个一直都很优秀的女生，期中考试成绩下降的原因。

我利用放学后的时间，专门找到这位女同学详细了解她遇到的问题，听她描述具体的情况。她觉得弟弟出生之后，妈妈把更多的爱给了弟弟，不爱自己了。为了进一步了解真实的情况，我打电话跟她的妈妈沟通，向她说明其女儿在学校表现良好，成绩优异，也很懂事。当妈妈听进去后，再向她反映孩子期中考试成绩退步的情况，再了解学生所说的情况是否属实。妈妈说弟弟比较小，所以会花更多的时间在弟弟身上，承认自己有点偏心。虽然知道孩子很出色，但是怕表扬她会让孩子骄傲自满，所以很少对女儿说赞美的话。

我给妈妈一些建议：不要害怕孩子会骄傲，要认可孩子的努力，表扬孩子努力的结果。弟弟虽小，但也不能忽视对大孩子的关注和爱，多跟女儿聊聊天，满足孩子成长的基本心理需求。然后，我教育孩子要多体谅父母的不容易，多关心弟弟，多照顾弟弟，做好榜样。

接下来的追踪了解，我发现家长有了很大的改变，忧心忡忡的女生也变得笑逐颜开，他们的亲子关系开始越来越好。情绪好了，学习状态也恢复正常了。

老班心语

正面的情绪氛围占主导的时候，班级的人际关系和学习氛围就会和谐、积极向上。负面情绪容易影响学生的学习和生活，如果我们有注意到学生的情绪问题，及时觉察，及时处理，问题就会减少很多。如果我们能够在坏情绪产生前，做好预防工作，班级的许多问题就可以避免。班主任在遇到麻烦事的时候，自己也要先处理好自己的情绪，要深呼吸，转移负面情绪，不要被坏情绪冲昏头脑，告诉自己：遇到问题说明自己有成长空间了！让负面情绪转为正面情绪，冷静下来，才能处理好事情。

06 最后通牒效应
善用最后期限，解决拖延症

最后通牒效应心解读

人们在面对一项工作或任务活动时，总觉得准备不足或是会产生拖延情绪，迟迟不肯开始着手工作，能拖就拖，直到实在不能再拖时，才会努力去完成 。直到条件不允许或到了规定时间，人们基本上也能完成任务，这在心理学上叫作最后通牒效应。有时最后通牒效应所带来的效率会更高。

链接中国智慧说

古语有云：“平时不烧香，临时抱佛脚。”这句话是说，凡事平时不去准备，有突发情况出现时，急于应付事情。“临阵磨枪，不快也光”是指事到临头才做准备，尽管不会很锋利，但至少比不磨更光亮，激励人们就算到了最后时刻也要努力一下。“早不忙，晚必慌。”劝人做事动手要早，不要拖拖拉拉。一旦拖拉，必会手忙脚乱，心中发慌。这些话语都道出了最后通牒效应的内涵——刻不容缓，行动起来！

一线带班心智慧

班主任是班级日常管理的直接责任人，不但肩负学校下发的各项任务，还需要管理好班级常规以及实施各项学习和体艺活动。在既定任务下发后，无论是作为班主任的我们，还是年幼的学生都可能存在拖延情绪。只要善于利用最后通牒效应，我们的学习和工作就能有序有效展开。

一、善用最后期限，做好任务规划

班主任担负着班级工作的计划、组织、指挥、控制和协调，组织班级一切活动，还有学校下发的各项任务，这些活动可能同时进行，倘若不能合理安排，规划时间，班主任工作便会手忙脚乱，甚至出差错！

从大学校门走出，走上了小学的讲台，初任班主任，虽然会紧张，但更多还是觉得自己有信心处理好班级各项事务。凡事总觉得自己能处理好，一些不太急的工作总是能拖就拖，可以说是“不到最后一刻绝不出手”。然而始料未及的是，班主任实际事务并不是按套路出牌。

有一次，德育主任要求回收关于防溺水安全教育一系列资料，附件足有十项，虽然量大，给的时间却还宽裕，四月初布置，中旬做好，有十四五天的时间。这样一来，就完全不用着急了，先放在一边，想着依据我的办事效率，先把急需要的部分资料回收好，等到后面几天整体处理，完全没问题。于是就安心拖下去了。不料在即将准备着手做剩下大部分资料的时候，又有另外下发的班级文化装饰任务，并且要两天内和广告公司沟通好，这又是一项大工程，顿时我感到焦头烂额，不知如何是好。我只能先加班加点完成防溺水工作，而班级文化建设，却逾期草草了事了。

自此，我再三思量，吸取教训。既然我是不到最后不动手，那么我尝试给自己设置最后期限。比如，按照完成一项任务的最后期限是五天，我给自己设置期限是三天，规定三天内无论如何要完成，这样既能提前完成任务，又能有时间再检视改进。

作为班主任，工作较为繁杂，有时是各部门发来的“致家长一封信”回收，有时是学校举办的各种活动，有时是自身科目教学工作……诸多事情可能是同时而来。这时，我们就可以做一张计划表，将目前所有的事务罗列出来，按照时间先后顺序排好进程，再根据难易程度和自己喜好排序，给自己设置一个合适的最后期限。我们就按最后期限，有条不紊地完成各项工作。

善于运用好最后通牒效应，做好时间管理，在班主任工作中，能够游刃有余，更高效地完成任务！

二、善用最后期限，做好班级的管理工作

曾有人做过实验，在一个小学里，老师让学生阅读一篇课文，第一组规定5分钟内完成，第二组规定8分钟内完成。结果两组同学都在规定时间内完成，没有提前完成的。

这个实验让我们明白了：生活中不论做什么事情，人们总会有拖沓的心理倾向，潜意识中会不知不觉到最后一刻才去完成本该早就完成的任务，成人、孩子都是如此。

班主任善于利用最后期限，能够让班级工作更加有序地开展，让学生学习效率更高。

1.细心观察，明确“最后通牒者”

学校生活丰富多彩，在班级举行活动总会有学生来问“老师，最迟什么时候要准备好”，一旦听到“最迟”“最早”这样表示极限的词语时，班主任便要警惕。“最早”代表他是有责任心、有担当的，他是能够完成各项任务的。“最迟”代表着他可能有“拖延症”，他可能会在时间截止前最后一刻完成。这样的学生便是可以运用“最后通牒效应”的对象。

2.根据学情，设置“最后期限”

班主任作为班级的管理者，在明确哪些学生可以运用“最后通牒效应”之后，就要根据学生的具体情况帮助其设定一个最后期限，这时候便要考虑好这个任务的难度，以及结合学生的实际情况给他一个具体时间，让他最迟在什么时间点完成，然后跟踪反馈。给出一个最后期限和目标要求，有责任心的学

生会自主设限，在心中规划，什么时间点做什么，才能在最后期限之内完成。班主任在设置最后期限的时候一定要预留好改进时间，以便让此项任务能以最佳效果呈现。

案例链接：

不做作业的“小拖拉”

小鸿在一、二年级时，成绩优异，课堂表现也很是良好，进入到三年级之后，在课堂上经常没精打采，两次测试之后，小鸿的成绩不如之前理想，我特别着急。在和其他科任老师了解情况后发现，他的其他科目也是如此。于是我找到小鸿本人了解情况，他也意识到自己的问题，连忙保证以后不会再这样了。我明白他在回避我的提问，便不再追问，只是告诉他：“老师相信你，加油！”

之后，我便联系小鸿家长，和小鸿妈妈交流小鸿在学校的情况。小鸿妈妈听后也有些着急，说到小鸿在家的表现：小鸿一、二年级的时候，她每天在孩子身边坐着，偶尔帮他读读题目，作业很快就完成了。到了三年级，作业科目增加了，书写量也增加了，难度也增加了，现在完成作业的时间是一拖再拖。小鸿以前放学回家一会儿就能完成作业，现在却不愿意做，怕书写，怕计算，能拖多久就拖多久，很多时候都是拖到十点，才能完成作业，已经成习惯了。倘若让他先睡，他则坚持要把作业写完。就这样，天天拖，家长也很头疼。

无论多晚都要完成作业，这也是难得的一面，可见小鸿的确是有责任心的。可能是因为恐惧，才拖延不愿动手做。但他能够每天完成作业，从作业的正确率和字迹来看，也没有胡乱书写，说明小鸿是一个有责任感的孩子！结合他在学校每次课堂上同样的作业量，不到二十分钟就完成的情况，我认为小鸿并不是不会做，而是因为怕自己做错，那可以对他运用最后通牒效应。

在了解了小鸿在家在校情况后，我建议小鸿妈妈运用最后通牒，在当晚放学之后，将完成全部作业的时间限定在晚上九点。一旦到了九点钟，无论是否完成，都不再让他写作业。家长的立场一定要坚定，不要被他的哭闹动摇。

当天晚上小鸿妈妈在家开始实践，跟小鸿说了九点不能完成作业就不会让他再写。小鸿不以为然，像往常一样，玩玩手指，摸摸橡皮，结果到了九点，作业才写了几个字。他妈妈立刻就把作业收起来，不再让他写了。他特别着急，大声哭闹，妈妈都心软了，想着老师说的要坚定，最终还是没理他，他哭到很晚才睡。

第二天小鸿早早起来赶作业，不到四十分钟就全部完成。在了解这个情况后，我再次和小鸿妈妈进行沟通，肯定小鸿按时完成了作业，这是好的一面，说明他的确可以很快完成作业，但也要警惕他第二天到校赶作业。因此，明天早上和平时一样时间送他出门上学，不要给他机会到校赶作业。当天晚上九点，小鸿作业写了一半，妈妈就坚定信念，再次收走了他没写完的作业，小鸿闹了一会儿，就睡觉了。

第三天早上，他六点半起来，却找不到作业，急得直叫妈妈，妈妈说等到送他上学的时候才拿给他。他急得不行，闹着让妈妈马上给他。妈妈没理会，还故意在上课前十分钟送他到校，这次小鸿没有完成作业，一路哭到学校来。放学后，他留在学校补完作业才回家。

我再次和小鸿妈妈沟通：目前已经进入到关键时刻，他已经明白了我们所设的限定，他心理上也在开始接受了。九点这个限定要坚持下去！之后，她决定再坚持几天。

第四天晚上，回到家，小鸿便开始写作业了，写了一会儿，又玩起来了，妈妈非常坚定地向小鸿声明一定要九点之前完成作业，之后也不管他了。九点钟收作业的时候，小鸿顺利完成了作业。

经过这次设限成功，小鸿妈妈信心倍增，之后再配合老师，坚持了一段时间后，小鸿已经从九点进步到八点完成作业。一个月以后，小鸿基本上能做到在一个小时内完成所有作业了。

老班心语

很多人都有拖延的习惯，遇到学生拖延，要具体问题具体分析，是精益求精型的拖延，还是恐惧型拖延，或是不会型拖延……老师要根据具体情况选择方法。如果是因不会造成的拖延，那拖延就不是主要矛盾；倘若这个学生，虽然拖延，也坚持要完成任务，可能是恐惧型拖延，能拖就拖，就可以使用最后通牒，根据学生的能力设置好最后期限。但一定要注意，设限目标不能随意更改，这样才能让学生从抗拒到接受，甚至化被动为主动，自主设限，完成目标任务。拖延问题不是一天就能解决的，家长和老师都要有耐心，认识到这是一个要不断调整的过程。

07 破窗效应

预防破窗出现，及时补牢未晚

破窗效应心解读

破窗效应是指一件事情、一个东西一旦有了裂痕，人们就会有意无意地任其变得更坏。破窗效应理论认为当一些不好的行为和习惯出现在环境中时，由于没有人进行教育管理而被放任存在，就会诱使人们仿效，甚至让这种现象变本加厉，越来越严重，最终一发不可收拾。

链接中国智慧说

《后汉书·丁鸿传》：“若敕政责躬，杜渐防萌，则凶妖销灭，害除福凑矣。”是指当错误的思想和行为刚有苗头或征兆时，就加以预防与制止，坚决不让它继续发展恶化。《战国策》：“亡羊而补牢，未为迟也。”意思是指发现问题后，及时采取善后措施，可以避免日后酿成大错。“防微杜渐”“亡羊补牢”这些中国智慧，正是破窗效应的应对策略，启示我们：“发现错了就要马上改正，不要一错再错，这样才能防止更大的损失。”

一线带班心智慧

“破窗效应”给我们的启示：尽量避免出现引起不良反应的“第一次”，如果“第一次”不可避免，应及时修补，从而避免不良的连锁反应。班级管理中的大问题往往都是由一个个小问题引发累加起来的。班级里出现了问题的苗头，如果不能及时发现和纠正，这些问题就会从小问题变成大问题，越积越多，越来越严重，甚至会一发不可收拾。所以我们在带班的过程中要注意防微杜渐。

一、人人争做“洁净小卫士”，打造班级清洁文化

整洁的教室环境很重要，会在不知不觉中影响学生的学习状态及班级氛围。现在的孩子在家里大多娇生惯养，家务劳动意识及能力都比较弱，因此进入小学后，参与班级清洁卫生劳动，或多或少存在这样或那样的问题。让老师最头疼的应该是教室的卫生问题，如果视而不见，很容易变得脏乱差。

为了防微杜渐，我们最好把清洁卫生工作纳入班级管理文化建设中。比如进行“洁净小卫士”的评比，目的是让教室常常高度整洁干净。制定《洁净小卫士职责表》，派发给每位学生，要让学生知道自己的具体职责，坚持奖罚分明。每次打扫完卫生，要向值日班长报告，接受值日班长检查。如果该组值日生得到的评价“优”“良”居多，可以宣布任务完成；如果该组值日生得到“差”的评价多，就需要重扫一次。如果全“优”通过，该组可以免扫一次。每周总结时，邀请做得好的小组进行分享，让所有的学生都有机会学习到更好的方法，提高值日工作的质量。另外，卫生小组长在上课前要进行“三查”——一查地面，二查桌面，三查桌子。三个方面都做到整齐干净才上课。下课时有专门的口令：“人走桌净，人过地净。”每天如此，每课如此，学生就会养成良好的保洁习惯。当然，对卫生习惯特别不好的孩子要有针对性地教育和追踪，对故意丢垃圾的孩子要适当惩罚，比如让他站卫生岗。坚持落实，班级清洁习惯就会养成，清洁文化也会形成。

二、品德操行无小事，及时纠正是良策

小学生的心智发育水平总体比较低，而且可塑造性比较强。因此，需要我们注意学生的言行举止，发现学生存在一些不良行为的端倪时，要及时纠正，方能助力孩子健康成长。比如孩子撒谎，如果老师不及时发现、及时教育，防微杜渐，慢慢地，这个学生就会撒谎成性，其他学生也会有样学样，班风学风会慢慢变差。

案例链接：

孩子安全感多，撒谎行为少

二年级的小青同学特别喜欢撒谎。有一次，她的语文作业没有做，小青对老师说她的作业已经做好了，但作业本却不见了，找不着了。又过了一段时间，试卷修改订正后需要家长签名，但小青的试卷没有家长签名。小青却一本正经地说自己的父母出差不在家，找不到人签名。再后来，学校要收校服费，但小青迟迟没交。我追问此事时，小青装模作样地说自己带钱来学校，上交时发现钱不见了。一而再、再而三的这些问题引起了我的警惕。随后我跟家长沟通过程中，发现小青有撒谎的毛病。经过进一步了解，我才知道家长对小青的要求很严格，孩子没有安全感。如果家长听到老师不好的反馈，肯定会对小青非打即骂。所以小青为了保护自己，常常用撒谎来搪塞。老师对小青进行了耐心的教育，告诉她要做一个诚实的人，只要说真话，老师就会原谅她，并且给予改正机会。同时告诫家长：

第一，给孩子做出好榜样，尽量避免说谎。家长是孩子的第一任老师，平时要注意自己的言行一致，尤其要避免在孩子的面前撒谎。家长不要轻易给孩子许诺，如果许诺不能兑现，许诺本身就是一种谎言。

第二，与孩子建立信赖的关系。撒谎行为发生后，做父母的首先要弄清孩子说谎的原因，这是非常重要的。一般来说，孩子在比较宽容的

大人面前不爱说谎。因此，父母应该努力与孩子建立起一种亲密的、互相信赖的关系。当孩子说出真相后，决不可凶神恶煞地加以训斥打骂，应该平心静气地和孩子交谈，消除其顾虑，让孩子明白说谎的危害，知道诚实的可贵，教育孩子以后不要再说谎。一旦孩子说了谎，要与孩子一起商量，下一次遇到类似情况用哪些更好的办法代替说谎。即使孩子犯了错误，也不要动不动就吹胡子瞪眼。很多孩子是在做了错事、受到了严厉的惩罚之后才开始撒谎的。家长应该反思自己的处理方式，耐心地教导孩子，不要让孩子出于避免惩罚的目的而去撒谎。

第三，重视孩子努力的过程。不仅要看到孩子取得的成果，更要看到孩子努力的过程，并对孩子努力的过程给予及时表扬。采用表扬的方法时注意：描述孩子努力的过程和家长本人的感受，让孩子感受到父母是能看到自己的努力的，是认可自己的付出的。尽量不要让孩子感到有过重的压力，否则，一旦达不到父母的要求或者失败，孩子就会用撒谎来逃避父母的责备。

第四，满足孩子合理的愿望。认真分析孩子的愿望是什么，有多少合理性。如果拒绝，父母要把其中的原因跟孩子说清楚。如果发现孩子是为了愿望而撒谎时，不能简单针对孩子的撒谎行为就加以惩罚，这样对孩子缺乏理解，只会加重孩子的对抗心理。引导孩子正面表达要求，合理的会得到满足，不合理的会得到公正的处理。通常受到尊重的孩子，撒谎行为较少。

经过我和家长的及时有效的教育，小青的撒谎行为渐渐减少。

三、家长群立群规，营造正能量群环境

家长群是学校与家长联系的重要桥梁工具，利用得好，事半功倍；用得不好，往往会惹出不必要的麻烦事。很多家长群里的“狗血事件”都是因孩子的小问题而引发的。因此班主任要注意家长群里的“破窗事件”，并及时修补。

有一位班主任周末休息，一位家长在群里找她，问孩子的试卷没有带怎么办？班主任忙着照顾二宝，没有留意家长的信息。家长在群里等了半天，后面又问了一次，但班主任还是没有回复，家长的怒气开始升级。再后来家长发现班主任发布了几条群信息，但一直都没有回复她，她就更加生气了。于是，在群里开骂，说班主任不负责任，不管她的孩子，区别对待她的孩子。班主任仍没回复，其他的家长在群里为班主任说了些好话，但这位家长一点也不买账。后来带着极其愤怒的情绪，向上级教育管理领导拨打了投诉电话。

这个家长群发生的破窗效应越来越严重，怎么办？我们可以这样修补。首先，打电话或者发信息给家长为迟迟没有回信息道歉，并解释清楚原因，聆听家长的诉求。在取得家长的理解后告诉家长自己会在群里说明情况，也请家长为在群里抱怨和责怪老师的话进行道歉。

为了避免家长把“小事化大”，家长群建立之初，班主任就要立下规矩：家长群是班主任用来及时发布学校的各项通知信息的，如果孩子有个人的事情需要老师帮忙处理的，务必与老师私下沟通。当孩子在学校发生冲突时，家长很多时候只是听自己孩子的一面之词，没有了解事情的来龙去脉，容易偏听偏信，不清楚事件的真相，容易有情绪或产生误会。如果先与老师沟通，让老师去调查了解清楚事件，再商量处理，这样就能大大减少不必要的争执和矛盾。如果发现有家长喜欢在群里发指责、抱怨这些负能量的话，或者把孩子间的小矛盾搬到群里吵，班主任一定要及时私聊处理，并让家长们明确群规。

老班心语

在我们的教育实践中，会面对各种各样层出不穷的难题，这些严重问题起初都是很小的问题。如果我们有敏感的洞察力，就容易在问题发生之初预感到任由小问题不断发酵，可能会酿成不良的后果，提前预防或及时在萌芽状态解决，就不会有后面的严重问题。班主任要主动、细心地发现一个个小问题，及时纠正或修补。班级正能量就会越来越多，优秀的班风就自然而然地形成了。

08 依恋心理效应
越有安全感，人际关系越健康

依恋心理效应心解读

依恋心理效应是指寻求与某人的亲密关系，当某人在身边时具有安全感的心理倾向。在与人交往中所呈现出的依恋是一种积极的情绪状态，在依恋关系中起中介作用的行为称为依恋行为，此行为贯穿人的一生，但在不同的阶段依恋的对象和方式会有所不同。

链接中国智慧说

“子生三年，然后免于父母之怀”出自《论语》，意思是孩子出生后，前三年要抱着，要哄着，离不开父母的怀抱。人在婴幼儿时期，基本上都依恋着父母。“人少，则慕父母；知好色，则慕少艾；有妻子，则慕妻子；仕则慕君，不得于君则热中”出自《孟子·万章章句上》。人在幼小的时候，就依恋父母；懂得找对象了，就倾慕年轻美貌的女子；有了妻子，就眷念妻子；做了官就思念君主，得不到君主信任，心里就热辣辣地难受。每个年龄段，人都有自己所依恋的人或事。依恋心理贯穿着人的一生，且影响着人与人之间的交往。

一线带班心智慧

依恋心理对人的成长和发展有着重要的影响。在早期的生长发育过程中，安全的依恋关系能使人感受关爱的温暖，并形成安全感，使人愿意对环境进行探索。如果缺乏安全的依恋关系，会导致孩子情绪和行为问题。作为老师，要帮助学生形成安全的依恋关系，并且利用安全的依恋关系促进教育效果。

一、针对学生不同的依恋心理施策

学生的依恋关系建立时间主要在婴幼儿时期，到了小学阶段，绝大部分的学生已经初步形成他们的依恋关系。面对不同依恋型的学生，老师要采用不同的措施。

具有安全型依恋心理的学生，他们善于解决问题，更具有好奇心，他学习效率较高，懂得较好地调节学习节奏，作为老师基本不用多操心，可以在适当的时候给予关注、鼓励等。回避型依恋心理的学生会不相信老师，害怕老师不认可他。在需要帮助的时候，他常会自己想办法，而不是向老师寻求帮助，从而导致作业完成度、学习进步程度受到阻碍，并产生焦虑情绪。老师可以从作业布置上降低难度，从而减轻学生的焦虑，让其积累更多安全体验。当感受到老师对他的信任与肯定时，他会更愿意提问和互动。当面对对抗型依恋的学生时，他们会受到分离焦虑的影响，他们渴望得到老师的关注，而且常常是一对一的关注。老师把给予的任务划分成可以独自完成的几小步，在他完成的过程中，及时地对他进行关注，从而逐渐提高他的自主和独立能力。

一年级刚入学的学生，由于环境变化，与父母的离别，心理安全感缺失。因此，一年级学生往往需要与老师建立安全依恋关系。那么，老师该如何与学生建立安全依恋关系呢？

1.关注学生的行为

部分一年级新生在入学1～2个月仍然不适应，出现哭闹、不肯上学、较难遵守各种规则、很少与同伴交流玩耍甚至出现矛盾等。面对学生的心理落差和出现的情绪波动，我们要学会关注学生，敏锐地觉察到学生的心理需要，尝试让学生将依恋关系转移到老师的身上，从而减少学生情绪波动较大的现象。老师要耐心帮助、教育学生，如讲解示范正确的行为，采取表扬、提醒、暗示等手段，尽量满足学生的心理需要，让他们感受学校生活的温暖和快乐。

2.营造良好的心理环境

幼儿在进入小学后，可能由于突然脱离了熟悉的环境而急于寻求替代性的角色，因此老师可以充分运用动作和语言拉近与学生之间的距离，以构建良好的师生关系，让学生对老师产生依恋，以减少学生的焦虑和不快情绪，弥补学生的情感缺失，让学生感受到老师的关怀和喜爱。老师要建立亲切、有爱心的形象，主动沟通、分享，形成和谐、亲密的师生关系，减轻学生的心理压力，成为学生心灵的港湾。同时，指导学生交友方法，让班级成为和谐、团结的大家庭。

3.开展多姿多彩的活动，转移注意力

学生由于年龄较小，具有较强的好奇心和求知欲，老师可以充分利用这一特点开展丰富多彩的游戏活动，让他们转移不良情绪，以构建良好的师生关系。

二、协助建立安全的亲子依恋关系

婴儿最初的情感依恋对象是妈妈，这个阶段是亲子建立依恋关系的重要时间点。如果在这个时间段不关注亲子依恋关系的建立，会使亲子依恋关系不能正常稳定地建立，有可能影响孩子的社会情感发育，使其性格冷漠，对身边的人和事物产生不信任感。就算到了小学，安全的亲子依恋关系也是学生形成良好的社会情感、社会交往的重要一环，因此，老师要协助家长与孩子间建立安全依恋关系，通过老师及家长的通力配合，帮助学生建立良好的自信心。老师可以采取家访、专家讲座及家校互动等形式，让家长学会尊重孩子，理解孩子，与孩子之间建立良好的依恋关系。

1.为孩子提供高品质陪伴

家长普遍存在对于陪伴的错误认知，认为让孩子待在自己身边就是陪伴，然而，这并不是一种高质量陪伴。只有家长与孩子在轻松愉快的氛围中相处，充分关注孩子，理解孩子的语言和感受，才能让父母真正走入孩子的内心世界，得到孩子的充分信任，为孩子提供充足的安全感和亲密感。陪伴不只是一种形式，哪怕父母由于工作的因素无法长期陪伴在孩子身边，也可借助文字、游戏及语音等形式，让孩子进行放松，给予孩子陪伴，建立家长与孩子之间的亲密关系，让家长与孩子可以走进彼此的内心，实现真正高质量的陪伴。

2.要充分理解和倾听孩子

理解和倾听是家长可以给予孩子最好的爱，让孩子感受到自己被关注，获得心理上的支持，进而对家长产生依恋。在孩子产生负面情绪时，家长采取委婉的方式进行引导，让孩子表达出自己内心的想法，培养他们良好的表达能力和情绪管理能力。在孩子出现不当行为时，家长采用“先情绪，后事件”的原则处理事情，通过承认感受，让孩子感觉自己被理解，进而约束其行为，这有利于孩子理解并接受。

3.营造和谐的家庭氛围

和谐良好的家庭氛围，可以让孩子获得良好的生活环境，对身边的人和事物建立良好的信任感，对孩子的身心健康成长有许多的好处。

案例链接：

一位转学生的转变

王某，9岁，小学三年级学生。在小学一年级的时候，父母由于关系不和导致离婚，王某便跟随父亲一起生活。父亲因个性安静，也不大和儿子进行交流。王某在学校与同学、老师相处时出现一些问题。他总是沉默寡言，不愿意与同学交流，个性比较敏感，与人交往时总是小心翼翼，经常会认为老师、同学不喜欢他，进而产生自卑情绪。

我了解到情况后，与王某的父亲进行多次深入交谈，希望他能多抽一些时间陪伴孩子，多建立轻松愉悦的交流环境，关注孩子的情绪。在多次耐心沟通下，王某的父亲与王某进行了更多的亲子交流，半个学期过去了，王某与人交往的问题得到一些改善，但还是存在自卑、不善沟通的情况。我在与王某父亲的沟通中发现，王某与奶奶的关系很好，之前在老家时双方交流比较多。我考虑是主要抚养人的改变让王某的依恋关系产生变化，使他失去安全感。于是，我建议由奶奶来照顾王某。王某的父亲也接受了我的建议，让奶奶到镇上照顾王某。同时，王某父亲继续通过亲子活动、主动沟通等方式，与王某建立了较好的亲子关系。又过了半个学期，王某的个性变得开朗了，与同学的相处也得到明显的改善。

三、建立安全的同伴依恋关系

随着年龄增长，学生的独立性增强，对同伴的关注度逐步提高，尤其到了高年级，学生对同伴的依恋关系也影响着他们的心理和社会交往能力。不和谐的同伴交往会降低学生与人打交道的欲望，甚至会产生与人交往的焦虑感，产生逃避的念头。相反，同伴依恋关系质量越高，学生的焦虑会相对降低。因此，我们需要帮助学生建立安全的同伴依恋关系。

1.正确全面认识自我

小学阶段是形成良好性格的重要阶段。由于他们处在人生观、价值观形成的初级阶段，判断是非的能力比较弱，评判的标准比较单一，需要老师引导学生形成正确的人生观、价值观。我们可以通过开展班会课、心理课，让学生了解自己的性格、样貌等特点，正确对待自己的优点和缺点，克服骄傲、自卑等心理；结合开展各种评选活动、小组合作活动等，通过他人的态度与评价认识别人眼中的自己。

2.克服与同伴交往中的偏见

我们要帮助学生克服对他人的偏见，教育学生不能以第一印象来判断同伴，看问题不要只看表面，也不能片面，要看到同伴的优点和缺点，懂得人都是在发展变化的，才能改善与同伴的关系。另外，学生在与人交往时，要让对方了解自己的优点和缺点，在自身不断努力进步的基础上，与同伴建立良好的人际关系基础。

3.帮助掌握人际交往的技巧

我们要指导学生掌握谈话的技巧。首先，掌握选择话题的方法。比如提出问题后进行有目的的交谈，或者针对同伴的兴趣爱好进行交谈，又可以通过别人的信息引入话题后进行深入交谈。同时，要学会聆听的技巧。在聆听时要有耐心，并主动地反馈，做出一些肯定或赞同。如果确实要终止话题，可以提一些感兴趣的话题转移对方的注意。与同伴交往中还可以运用动作、表情、目光等沟通方式。在同伴交往指导中，我们也要教育学生交往礼仪，并以通过开展各种活动训练来促进交往技能的形成。

老班心语

安全的依恋关系是学生保持良好情绪、积极应对与人交往的基础，我们要在学生个人、班级管理、家校合作上，为学生建立安全的依恋关系。同时要注意区分依恋关系和依赖关系，让学生形成独立、自主、积极的心理基础。我们的学生越有安全感，人际关系会越健康，学习或生活就会更有劲头。

教师成长篇

JIAOSHI CHENGZHANG PIAN

01 登门槛效应

架设阶梯，转动成长之轮

登门槛效应心解读

登门槛效应又称得寸进尺效应，是指一个人一旦接受了他人的一个微不足道的要求，为了避免认知上的不协调，或想给他人以前后一致的印象，就有可能接受更高的要求。这种现象犹如登门槛时要一级台阶一级台阶地向上登，这样能更容易更顺利地登上高处。

链接中国智慧说

“一口吃不成胖子，一步跨不到天边。”“一步登天为拙招，得寸进尺方有效。”这些谚语、俗语一语道破了“登门槛效应”的核心思想，告诉我们做事要循序渐进，先把门槛降低，再逐步达成自己的目标，这也是中国传统教育的智慧。

一线带班心智慧

班主任在带班过程中，想要达成较高的目标，就可以先将“门槛”降低，再用小步子、分阶段、循序渐进的方法达成更高的目标。

一、提升自我能力

一个班主任要想把一个班级管理好，首先要提升自身实力。“登门槛效应”告诉我们，我们不管是对自己还是对学生，都要提出适度的期望，然后分阶段、循序渐进地去完成，最后才能顺利达成目标。

一般来说，刚开始当班主任，遇到管理班级事务的时候会很迷茫，不知道该怎么去做，何时去做才合适。就如我第一年当班主任的时候，班上同宿舍的几个男生一起欺负最内向的学生，每天打骂这个学生。当时家长跟我反映想到学校进行投诉，我不知道该怎么处理才合适，后来学校的领导出面，才把事情平息下来。这时我意识到当好班主任并不是一件容易的事情，因为班主任不仅要面对学生，还要面对家长和学校的领导，自己的处事方式会影响着很多人。

自从这件事情后，我认为一个班主任需要不断促进自身的专业化成长，否则在遇到班级管理方面的问题时，就会有束手无策之感。

一个刚参加工作的年轻班主任，不管你多么有才干，也不可能短期内成为专家型的班主任，必须经过长期的努力才能有所成就。我们必须从制订自己的专业化发展规划开始，并根据每个阶段应达到的目标，找准自己的最近发展区，适时地提出新的自我期待，一步一台阶地走好自己的专业发展之路。

案例链接：

转动成长之轮，绽放幸福之花

我根据登门槛原则，制订了班主任自我成长的步骤：

第一步，分析自身专业发展现状，找准自己的最近发展区。我们要了解自身专业发展的状况，可以通过倾听领导和同事对自己的评价，或者让学生写一写对自己的评价。这样会有助于我们客观地评价自己，找出自己的优势与劣势。

第二步，根据自身的不足，制订符合自身的专业发展目标。譬如，我根据同事与学生的评价，发现自己存在以下不足：（1）班级管理能力较弱，遇事没有很好的解决方法；（2）没有做好班级文化的建设，班级的规章制度不够明确；（3）缺乏与家长沟通的艺术，家校共育效果不理想。根据这些不足，我做出了以下的规划：（1）每天至少阅读半小时关于班级管理或与家长沟通方法的书籍，把自身认为有用的方法用笔记本记录下来。（2）在遇到班级管理方面的问题时，尝试去解决，解决不了就向有经验的老师请教，事后把该问题和处理方法记录下来。如果下次再遇到同类事件就能很好地处理，或者在这基础上再次完善方法。（3）在班级文化建设方面，去了解有经验的班主任是如何做的，先模仿，然后根据班级的特点慢慢进行改变。（4）为自己选择一些有不同特点的老师作为自己的榜样，经常向其请教、与之交流等。

第三步，做时间的主宰者。众所周知，时间是班主任专业成长的宝贵资源，是浪费不得的。但是总有班主任觉得工作忙压力大（虽然这是事实），没有时间用于专业发展。时间就像海绵里的水，只要你愿意挤，还是有的，就看你有没有自主专业发展的动机和需要。只要你有努力向上的心态，就不会惧怕困难，就会利用一切的时间去学习。我刚开始当班主任的时候，会把每天的学习计划写在便利贴上，贴在显眼的地方，提醒自己利用零碎的时间去完成，每完成一项就打一个勾，当天必须完成，就算当天很忙，不管晚上加班到几点，我都坚持把当天的计划完成。

作为一个班主任，我们需要不断地提升自己的班级管理能力，要循序渐进地把自己制订的计划落实到位，同时要避免对自己有“一步登天”式的高要求和高期待，如果总希望自身经过短期的努力就会有巨大的回报，总是急功近利，要求过高，结果会适得其反。例如，作为班主任，每天阅读管理班级的书籍，就认为自己管理班级的能力很强，什么问题都能处理；结果问题出现时，自己处理不好，心理防线随之崩溃，认为学习没什么用，就不去坚持，自暴自弃。这样的话，制订的计划就没法落实，效果也不会太好。

根据登门槛效应，我们应该遵循循序渐进的原则，为自己设计“跳一跳，够得到”这样的可实现且逐层上升的目标。当自己每完成一个目标就给自己加油打气，给自己奖励。这样慢慢地积累起来，我们自身的能力才能得到有效地提升。

二、“成长之轮”促发展

第一次接触“幸福之花，成长之轮”活动是在东莞市潘秀群名班主任工作室，就是这么一张图谱改变了我的专业发展之路。

我根据工作室的“幸福之花，成长之轮”活动，制定了自身的成长目标，这是一个具体的可操作的成长图谱。

成长之轮分为五个部分，第一部分是粘贴自己的照片；第二部分是我是一个怎样的人；第三部分是我的理想是什么；第四部分是为了达成以上目标，我将会做哪八件事情；第五部分是给自己写一句自我鼓励的话语。

我自身是一个健康、快乐、活泼的人，我的理想是成为一名有内涵的、有智慧的老师，做一个有魅力的现代女性。为了提升自身的能力，达成这一目标，我根据成长之轮，围绕身体健康、家庭生活、自我成长、高效工作这四大方面，制定了相对应的八件事情来促进自身的发展。第一，每天坚持慢跑半小时，多喝水，每天饮水量要达1200毫升，这样才会有一个健康的体魄。第二，每天尽可能早睡，不熬夜，最好不超过11点睡觉，少玩手机。第三，每天给孩子讲10分钟的故事书，每周给孩子做有营养的辅食，周末带着孩子到户外活动。第四，每周要对家里进行大扫除一次，保持家里的干净卫生。第五，每天阅读不少于30分钟，每周看一个教学视频并做好记录。第六，坚持每天写总结、写反思，通过多写作来提高写作能力。第七，积极参加各种专业培训，促进专业化成长，参加完培训后及时撰写心得体会。第八，高效完成学校布置的任务，少说话，多做事。

我每个学期都会根据实际的情况对这八件事进行调整。我做“幸福之花，成长之轮”的目的就是让自身带着可行的目标不断地努力前进，最终成为最好的自己。

这个“成长之轮”写出来后，我把它一式三份，一份过胶贴在办公桌桌面，一份放在家里床头的位置，一份放在家里的书桌上。这样做的目的就是要自己时时刻刻都能看到它，让它敦促自己每天把所列的八件事情妥善地落实好。无论多么有难度的目标，最后还是要回归到这八件事情上。

我已经坚持做“成长之轮”三年了，通过每天做这八件事，我的班级管理能力得到了提升，在工作上取得了较大的进步。我相信，只要跟着“成长之轮”的一个个小目标走，定能实现终极目标。成长是终身的，轮子也在不断地往前走。“成长之轮”就像登门槛一样，一步一个脚印地往前走，循序渐进，定能绽放出属于自己的幸福之花。

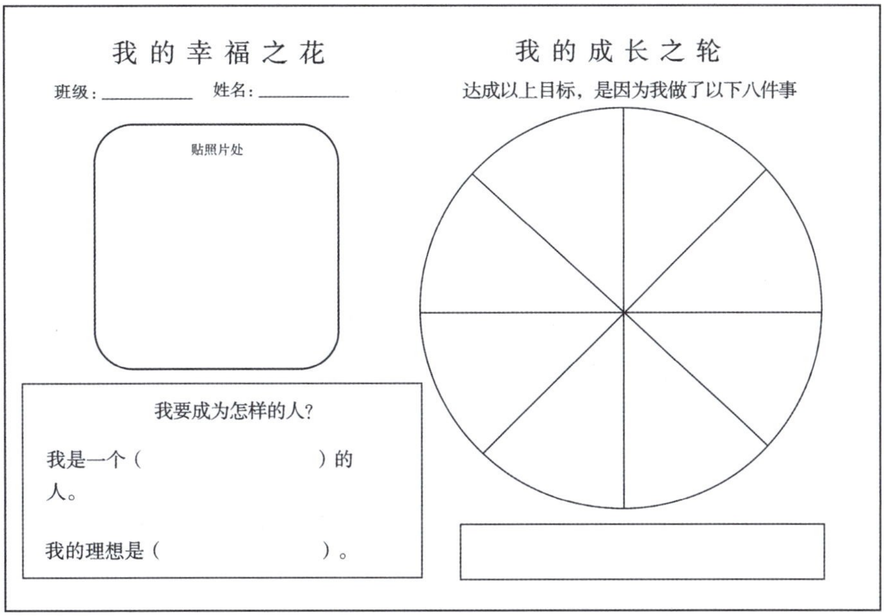

“幸福之花，成长之轮”

老班心语

在我们的职业成长过程中，只要我们确定了目标，认准了目标，就要坚定地朝着这个目标前进。如果我们制定的目标对自身来说有难度时，我们可以把目标分解成多个较小的目标，降低难度，待逐步实现后再慢慢提高难度。登门槛效应是立足于高目标，实现起来比较有难度，因此，需要将目标分解成几个步骤，先从简单易行的做起，再一步步靠近目标，循序渐进，这样，最终才能实现目标。

“幸福之花，成长之轮”是将自我提升的总目标落实到每一天自我成长的行动轨迹中，我们要坚持去完成每一天的步骤，并将它慢慢变成我们的习惯。这个习惯还要进一步巩固，这样才能保证我们在繁忙的工作与生活中，不失初心，追求进步。

02 首因效应
第一次“闪亮登场”，易得人心

首因效应心解读

首因效应是指最初接触到的信息所形成的印象对人们以后的行为活动和人际交往的影响。简单地说，人与人第一次交往中给人留下的印象，在对方的头脑中形成并占据着主导地位，这种效应即首因效应，也叫首次效应或第一印象效应。在生活中，我们都需要他人的尊重和注意，小孩子都喜欢第一次见了他就笑呵呵的人。

链接中国智慧说

东汉班固写的《汉书·息夫躬传》里有这么一句话：“唯陛下观览古今，反复参考，无以先入之语为主。”“先入之语为主”的意思是先听进去的话或先获得的印象往往在头脑中占有主导地位，以后再遇到不同的意见时，就不容易接受。中国传统说法中的“先入为主”由此而来。宋代司马光写的史书《资治通鉴》中有：“主上与将军风殊类别，一见倾心，亲如宗戚。”其中“一见倾心”也都说明第一印象十分重要。

一线带班心智慧

俗话说：良好的开端是成功的一半。从古至今，良好的第一印象有助于我们事业的发展、工作的顺利进行，更是良好的人际交往的一个重要因素之一。班主任要活用首因效应，留给学生、家长一个良好的初印象，让后续带班更顺利。

一、初见“新”学生，博得满堂彩

小学生群体的社会经验较为欠缺，属于易受影响人群。因此，带班中，利用首因效应的最佳时期就是新生入学时或中途接班时。下面以中途接班为例说说如何留给学生一个良好的初印象。

1.教室整洁，装饰美观

开学前，将教室的桌椅物品等摆放整齐，地扫干净，墙面擦干净，装饰美观，为第一次见面增色。窗明几净不仅给人以美感，还会让人心旷神怡，有一种家的感觉。在这样的环境下学习，学生会身心愉悦。同时，整洁的环境无形中给了学生一个信号：班主任是一位爱干净的老师。

2.着装得体，介绍动情

我们着装应整洁、干净利索，这样看起来精神焕发，给学生一种自信、大方稳重的感觉，有助于老师建立威严感。刚进入新班级，学生不可避免会对陌生的老师有一种心理距离感，这时候就需要老师通过自我介绍来“破冰”。我们言语应温和有力，既要树立威严方便日后管理，又不能太过严肃，令人生畏。

案例链接：

第一次见面，就让学生喜欢上我

我新接手六年级3班，学生对我不熟悉，不知道我是个怎样的老师，我在想：“作为班主任，怎样在第一节课让学生尽快认识我，产生亲切感与好感，并以我为榜样，从我身上汲取正向力量，得到激励，从而努力成为更好的自己呢？”于是我决定将我的实际经历加进自我介绍中。

开学当天，我扎了条清爽的马尾辫，上身穿了一件白衬衫，下身穿了一条过膝黑裙，穿了双中跟黑皮鞋。我微笑着走进班级，在简单介绍完个人基本信息后，我说道：“你们是不是觉得读完大学，然后出社会找工作就好了？老师的学习经历不是这样的。我读完大学，的确就当了老师。后来听说可以边工作边读研究生，就想着继续深造，多学点教育方面的专业知识，丰富‘肚子里的墨水’，可以更好地帮助学生全面发展，于是报考了研究生。”教室里顿时“哇”声一片，学生看我的眼神更专注，都在等我讲“后续”。

此时学生对我的经历更好奇了。我故意问：“你们觉得我能顺利考上吗？”有些学生说：“肯定考上了！”有些学生疑惑地说：“难道考不上？”有些学生说：“考不上。”这番互动无形中拉近了我跟学生的距离。

看着学生急迫想得到答案的眼神，我决定不再吊学生胃口了：“后来因为工作忙碌，复习不充分，特别是英语，考试成绩很不理想，第一年没有考上。”学生顿时替我感到惋惜。

接着，我微笑着说：“但我没有一蹶不振，而是查漏补缺，买来更多的专业书籍来继续复习，还报了一个线上英语学习班，每天挤出一小时来学习英语，第二年就考上了。但我依然没有停止学习的步伐，经常参加语文教学和班主任工作培训，提升自身的工作水平，将学到的知识技能都运用到工作中。活到老，学到老，我总觉得自己学得还不够，所以我要终身学习。”顿时，教室里响起一片掌声。

我在掌声中知道学生在这第一次见面中已经感受到了我身上努力奋斗、拼搏进取等精神，学生的眼神中隐隐透露出的对我的喜爱和敬佩，为我后面成功带班打下了良好的基础。

3.趣味游戏，备见面礼

传统生硬的点名索然无味，我们可用一些适当的小游戏来代替，不仅活跃气氛，让同学们快速认识彼此，还能减少陌生感或紧张感。比如老师说某位学生的外貌特征，学生猜是谁。学生都想第一时间猜中，就会全神贯注，积极参与，快速搜索、记忆。再比如老师让学生用自己喜欢的水果代替“到”来回应老师，趣味横生，也有助于老师多了解学生。

为了缓和气氛，我们还可以准备见面礼，如一张美美的写着学生名字的书签，或者一点小糖果等。这些看似不起眼的小礼物恰恰能带给学生一种归属感，使他们对老师多一份喜欢和认同，更快融入这个班级大家庭。

4.善听学生言

课堂上，我们不能只顾着自己讲，更不能凡事都以“以后再说”来敷衍学生，可适当增加互动答疑环节，听听学生的想法。比如有学生好奇老师之前教几年级，之前的学生表现怎样，老师是不是只教一个科目，老师对他们的第一印象如何，等等，我们都应该予以认真回答。这样，会鼓励学生多跟我们交流，多发言；也能帮助我们发现一些之前遗漏的问题，弱化成人思维考虑问题带来的局限性；还可以为以后学生对班级管理“献言献策”打开了一扇门。

总而言之，第一次见面直接影响第一印象的建立，我们应重点把握。老师的第一次亮相要是博得了满堂彩，就会给学生留下好印象。而学生往往会把这种“好感”带入班级日常中，从而会更容易接纳班主任及其带班理念和措施，也更“受教”；班主任后续的带班也会省掉很多额外的操心事，达到事半功倍的效果。

二、首场家长会，打响第一炮

1.制作精美邀请函

我们在召开家长会前，可以制作一张精美的家长会邀请函或用相关软件制作一份让家长眼前一亮的动画邀请函。网络上有海量制作邀请函的教程和精美图片，在电子网络时代，我们不妨制作电子邀请函，既环保又有新意。邀请函的内容也很重要，既要表现出老师对学生的关爱与责任心，又要体现家校共育的目的。邀请函中可以写“为了您的孩子、我的学生能够健康成长，全面发展，成为更优秀的孩子，诚邀您来参加本次家长会！”类似跟家长统一战线的内容更能取得家长的信任与支持。邀请函的字体或图案设计得特别一些，有新意一些，那么，家长也会从中感受到老师的用心和对此次家长会的重视，家长的期待值也会提升。

2.精心布置教室

教室地面打扫干净，桌椅摆放整齐，桌面清空，桌内书本整齐叠放，不能忘了教室内的班级文化布置装饰等也要检查一遍，确保整洁美观。为了家长方便找到其孩子的座位，快速入座，每张桌面要有写了学生姓名的标识贴。教室前面黑板上可以写上欢迎家长到来的欢迎词，以示班主任对本场家长会的重视。

3.着装举止大方

就像初见学生那样，初见家长也要着装得体整洁，干净清爽利落，符合老师身份，不浓妆艳抹，不佩戴款式夸张的首饰。站姿自然，友好地打招呼，微笑地看着家长，给家长一种落落大方、亲切友好的感觉。

4.充分准备内容

内容是家长会的重头戏。如果中途接班，第一场家长会，班主任可以“瞻前顾后”，并重点讲述自己的带班理念。第一场家长会通常在开学一个月后，我们做完基本自我介绍后，可以在家长会上先大力表扬学生这一个月来的种种良好表现，也就是“瞻前”。对学生的细微关注最能让家长感觉到老师对学生的重视与欣赏。这样的老师，家长怎么会不喜欢呢？接着，就要“顾后”了。老师可以详细地向家长介绍自己的带班理念、班级文化建设目标，以及跟学生一起商量得出的班训、班级公约、班级管理制度等，以及自己致力营造优秀班集体的决心，并邀请家长和我们一起培养孩子成为德、智、体、美、劳全面发展型人才，提高孩子的综合素质。同时，还可以讲述我们接下来的带班措施，给家长一剂“强心针”，以安“军心”。

因为我们态度鲜明，对班级管理又有清晰计划，家长心里的不安感自然就会消除，也会对新班主任充满信心，对孩子的发展充满希望。我们还得表明老师和家长就是“合伙人”的关系，只有双方配合支持，孩子的发展才会有保障。这样的话，以后班主任再开展工作，家长就会特别配合。

老班心语

首因效应不仅仅是新接班的时候可运用，在学校的日常教育教学中，施行的契机也时时处处都存在，我们都要把握好。比如班级发生首次特殊事件时老师的处理，第一次班级活动老师如何组织，第一次家校活动老师如何安排，等等。其关键是老师要抓住第一次“闪亮登场”得人心，创造良好的开端。但我们心里要清楚不是第一次做好了，后面就一定会取得成功，所以，后续还是需要细心经营，一切以学生的全面发展为前提考虑，这样班级发展才会一直朝着良好的方向前进。

03 踢猫效应

不迁怒，做情绪真主人

踢猫效应心解读

踢猫效应是指因泄愤而产生的一系列连锁反应，泄愤对象一般弱于自己或等级低于自己。这是一种不良情绪沿着人与人、人与事物关系链条，由强到弱，或者由顶端到底层进行传递的过程，而处于最底层的那一环则成为最终的受害者。被批评之后产生“踢猫效应”，其实是一个人没能接受批评，不能正确认识自己的表现。

链接中国智慧说

“不迁怒，不贰过”是出自《论语·雍也》的一句话，即不会把愤怒发泄在别人身上，也不会犯同样的错误。孔子说：“君子求诸己，小人求诸人。”而颜回“不迁怒，不贰过”，就是“求诸己”的最好体现。颜回始终在自己身上找过错，不在他人身上找问题；而他发现了自己的问题之后，就不会再犯了。如此为学，孔子才称之为“好学”。而能如此为学的人，世上并不多见，孔子门下除了颜回，没有人再能获得孔子这样的认可。“不迁怒，不贰过”正是能控制好自己的情绪避免踢猫效应的智慧。

一线带班心智慧

老师是教育活动中的主要要素之一，在教育活动中发挥着主导作用。随着工作压力的增加，社会对老师的要求提高，老师的情绪常常就像一根紧绷的弦，随时都可能产生大的波动。特别是最繁忙的班主任，在带班的过程中，不良的情绪如果处理不当，则容易产生踢猫效应，对学生的学习情绪、班级管理产生不良影响。班级的学生间一旦出现踢猫效应，也会对学生的心理健康带来负面影响。情绪稳定、人格成熟，是老师的基本素质，因此，我们应该重视自身情绪管理并指导学生进行情绪管理，对班内出现的一些苗头性问题进行及时调解，避免出现踢猫效应。

一、班主任自我赋能，控制不良情绪

班级带班工作中班主任起主导作用，班主任的情绪直接影响着学生的学习活动。班主任要及时察觉自身情绪的变化，在不同的情景下进行及时的情绪管理，通过有效的情绪控制，恰到好处地表达情绪，提高班级管理水平。

1.学会体察自我情绪

每个人都有情绪，都会有情绪波动，要控制自己的情绪，先要真诚地面对自身情绪，了解心中感受，才能恰当地处理当前面对的状况。当发现情绪有较大波动时，不妨常常问自己：“我现在的情绪如何？假如是不良情绪，原因是什么？这种情绪有什么消极后果？应该如何处理？”也可通过回顾反思的方法，回顾是否有相似的情况，反思是否有同样的原因，之前的情绪处理方法是否有效。通过对自我情绪的体察和认知，更理性地看待不良情绪，为情绪管理打下基础。

2.进行合理而有效的宣泄

压抑自己消极的情绪就像紧扼喉咙把呼吸堵住，一不小心就会把不良情绪传递给学生，这样，教育会适得其反。当内心被不良情绪充斥时，应进行适当的宣泄。比如跑步，跑步具备一定运动量，可以让身体产生内啡肽，使人心情愉悦，可以把一些难以释放的消极情绪进行释放，转移自身对压力的关注，

减轻焦虑和抑郁。又比如在尽量不打扰旁人的情况下大声喊叫或高声歌唱，将体内的不良情绪进行释放，这比没有控制好情绪而把学生骂一顿更有利于自己的心理健康。我们还可以通过深呼吸、倾诉、幽默自嘲等方式进行有效宣泄。

3.保持良好心态

拥有良好的心态是进行自我情绪管理的重要前提，能有效减少出现不良情绪的概率。我们要减少盲目的比较，懂得欣赏自己，接纳自身不足；遇到挫败时要从正面看待事情，建立传播正能量的交友圈；提升幽默程度，正确对待学生、同事的情绪。同时，我们要保持虚心学习的心态，通过加强学习，提高自我修养，掌握管理技巧，为自我情绪管理和班级管理提供可行方法。

案例链接：

迟到小风波

一个星期一的早上，早读铃声响起，五年级2班李某的位置上空空如也。平日极少迟到的李某，今天不知道什么原因迟到了。根据学校的要求，早读课没到校的学生，班主任要向家长报告情况。于是，班主任王老师带着对李某的担心，拨通了李某妈妈的电话。

电话接通后，王老师说："您好，我是李某的班主任，现在早读已经开始，李某还没有到班上……"

王老师还没说完，李某的妈妈就愤愤地说："他爸爸已经送过去了，他就在学校，你是哪个老师啊？有没有到班里看清楚啊？"

王老师听了李某妈妈的话，心里很不是滋味，一股莫名的火在心里燃烧着。但他马上深呼吸，及时调整心态，说："谢谢李某妈妈，我是他的语文老师兼班主任王老师，直到上课铃响，我都没有看到李某的身影。那我打电话给他爸爸了解情况，谢谢！"

挂了电话后，王老师没有受情绪影响，马上打电话给李某爸爸。原来他们今天出门比较晚，刚好星期一路上比较堵，所以迟到了。

5分钟后，李某来到教室，王老师询问李某，事情正如他爸爸说的一样。王老师并没有把情绪转移到李某身上，而是温和地提醒他以后要早点出门，并让他打电话给妈妈，说明情况。

二、引导学生做好自我情绪调节

1.加强班级正能量的教育

班主任要树立榜样，通过自身对情绪的管理影响学生，让学生有管理情绪的观念。我们可以通过主题班会等方式，让学生认识情绪，并了解保持良好心态的方法：引导学生培养阳光心态，树立自信，懂得接纳对方情绪，用积极的心态面对生活中各种问题；引导学生树立正确的是非观，降低因性格不同和习惯迥异而造成班级管理过程中的学生情绪失控的概率。我们也要加强对班干部的管理，避免班干部因情绪不佳造成“踢猫效应”，在班级工作中影响其他同学。

2.丰富班级活动，寻找情绪发泄渠道

情绪宜疏不宜堵，班主任平日要关注班级事件和学生情绪，积极开展运动、唱歌、写一写等活动，适时疏导学生情绪，协助学生提高与人交往的能力。对一些情绪管理能力较弱的学生及时进行谈话，与家长沟通，或与学校心理老师进行合作，为学生消除消极情绪。指导学生表达的技巧，当出现消极情绪时，使用合适的表达避免消极情绪的传递。

3.家校合力软着陆

学生的情绪与家庭密切相关。班主任要及时与家长进行沟通，交流学生在学校和家里的表现；通过家庭教育相关课程，让家长明白情绪管理的重要性并掌握管理情绪的方法；了解学生身心发展规律，懂得学生的情绪管理不是一蹴而就，要用温和的方式进行沟通，避免粗暴地指责谩骂，避免失去孩子的信任，避免孩子习得不良的情绪表达方式。

三、协调科任老师与学生的关系

1.发挥宣传作用

学生与科任老师的感情往往没有与班主任的感情深厚，因此，学生对科任老师的了解也往往没有对班主任的了解多。班主任要充分发挥宣传作用，可以在开学初利用班会课，向学生介绍新的科任老师，尤其注重对科任老师的优点进行介绍。同时，在学生面前多对科任老师的工作表示肯定，宣传科任老师的成绩与荣誉，为科任老师树立良好的形象。还要做好科任老师和学生之间的“传声筒”，把科任老师对学生的良好评价或表扬、学生对科任老师的喜爱进行相互传递，促进双方感情的深化。

2.发挥协调作用

当科任老师反映班级的一些问题时，班主任要虚心接受，耐心聆听科任老师的建议，在力所能及的范围内，配合科任老师处理问题，避免科任老师因消极情绪产生踢猫效应。如师生间矛盾，班主任可先将双方分开，避免正面冲突，在没有弄清事情的情况下，不武断地批评学生。耐心倾听科任老师的倾诉，心平气和地听学生的想法，并分别对师生进行单独沟通处理，避免矛盾激化。班主任要对事情做出合理的处理，并进行沟通，尽量让科任老师和学生都认同处理结果，同时得到班上学生认同。班主任发挥协调作用，积极化解问题，建立和谐的师生关系，就可以避免踢猫效应。

3.增进师生感情交流

班主任要主动开展各种活动，增加科任老师与学生间的友好接触和情感交流，增进科任老师与学生之间的感情。一些重大节日，如教师节、元旦节等，组织学生向科任老师送上感谢与祝福；一些班级的活动，如班级联欢会、美食分享会等，邀请科任老师一同参与，让科任老师感受学生的真挚情感。在科代表的选拔与指导工作上，选择一些责任心强，沟通能力强的学生，可以增进科任老师对班级的感情。

老班心语

踢猫效应给我们展示了消极情绪传播过程的危害性。其实，我们都知道控制好自己的情绪很重要，但情绪无处不在，特别是消极情绪层层叠加，最后爆发出来的破坏力是惊人的。这种不良情绪容易向弱于自己的方向进行传递。在教育工作中，会给师生关系、师生心理带来不良影响。我们要不断修炼、强大内心，懂得接纳自己的情绪，正视自己的情绪，掌握情绪管理的方法，正确处理好自己、科任老师、学生的消极情绪，做自己情绪的真主人。